100%日本在住でも!
親は英語が苦手でも!
グローバル人材になれる!

子どもの英語力がグンと伸びる最強の学習

安河内哲也

扶桑社

はじめに

読者の皆さん、こんにちは。英語講師の安河内哲也です。私は若いころから英語を各所で教えていて、講師歴はもう30年を超えます。最初は予備校講師として大学入試対策、いわゆる受験英語を教えていました。入学試験でいい点数が取れるよう、そして学校のペーパーテストで高得点をマークして上位の成績が取れるようにと、英語の文法や読解を日本語で説明してきました。

ですがそれとは別に、人とコミュニケーションをとるのが大好きなので、「せっかく英語を学んでいるのだから、海外の人と英語で存分にしゃべって、積極的に意志の疎通を図っていきたい!」と強く思っていました。そして**さまざまなツールを駆使して英語を勉強**

してきました。自分を実験台にしながら、いろいろな勉強法を試し、そして今では英語を話し、海外でも仕事ができるようになっています。

プライベートや仕事で英語を話すだけでなく、**英語を教える際も、大人数の前で英語を話しながら授業をしています。また、アメリカのNPOの理事も務めています。授業で**教える内容も、今ではおもに**スピーキングとリスニングを柱とした、英語のコミュニケーション術が中心**となっています。また、オンラインのおかげで海外の若者を教える機会も増えました。

そして私の英語講師としてのミッションは、受験英語のノウハウを受験生に伝授することから、日本のすべての英語学習者が英語を話せるようになるお手伝いをすることへと変わってきました。

今、小学校からの英語教育が始まり、英語学習熱はかつてないほどに高まっています。一方で、昭和の時代の教育を受けてきた世代の多くの親たちは、どのように子どもに英語を勉強させればいいのか悩んでいます。

本書では、30年以上の間、毎日のように教室で生徒たちに英語を教えてきた私の経験から、子どもの英語学習を成功させるためのアドバイスをさせていただきます。本書では、**現実的な目標として、英語を十分に使いこなせるようになる年齢を20代前半と設定しています。**これは、小さなころから高価なインターナショナルスクールや海外の学校に通わせることができなくても、日本の教育システムのもとで、親がうまく舵取りをしていけば十分に達成できる目標です。ぜひ、皆さんのご家庭で、親子の英語学習に取り入れていただければと思います。

Contents

53

第2章 子どもの英語嫌いを防ぐためのツボ

Contents

Contents

序章

脱！
〝昭和の〟エイゴ学習

新型コロナは英語の必要性を劇的に加速させた

令和に入って早々、はからずも新型コロナウイルスの感染拡大による外出制限などで、オンラインで打ち合わせをしたり、授業を受けたりと、インターネットで誰とでもつながることができるのだと、世界中の人々が気付きました。

海外出張をして直接対面せずとも、国際的なビジネス交渉もオンラインで行える時代が到来しました。そして、ネットを介してグローバル化が急速に進むこの世の中で、世界の共通言語である英語の必要性はより一層、高まっています。

なかでも必要とされるのは、コミュニケーション能力です。

ＡＩの進化により翻訳機の性能が飛躍的に上がってきています。英語の読み書きの多くで、翻訳機が活用できる時代になりました。ところが、リアルであれリモートであれ、人間同士が顔を突き合わせて話し合ったり議論を繰り広げたりといった**瞬発力が求められる**

英語でのコミュニケーションは、私たち生身の人間自身が、まだまだ担っていかなければならない領域です。

しかし、残念ながら**英語のコミュニケーションは日本人がとても苦手とする分野であり続けています。**英語に限らず、自分の意見や考えを積極的に述べるといった訓練をあまりせず、知識を習得したり、文献を解釈したりする教育を受けてきた私たちは、日本語であっても総じて口ベタだといえるかもしれません。

また、以心伝心、出る杭は打たれる、あうんの呼吸、つうかあの仲、和を以て貴しとなす、場の空気を読むといった、日本人に刷り込まれているような考え方も、外国語を話す際の明快な話し方を展開することへの足かせになっているのかもしれません。

本書の読者の大半が、「インプット（リーディング、リスニング、グラマー）」過多で、「アウトプット（スピーキング、ライティング）」が極端に少ない英語学習をしてきたのではないでしょうか？

これらを鑑《かんが》みると、日本人が英語のコミュニケーションを苦手とするのも当然のことなのかもしれません。

皆さんのお子さんは、私たちとは違った時代を生きていくことになります。ＡＩやネットと共存する時代の英語学習は、コミュニケーションを中心としたものでなければならないと思います。私たちが若いころにやっていた英語学習は、残念ながらこの時代には合わなくなっています。

本書を手に取った保護者の皆さんは、もう一度子どもたちと学び直す感覚で、本書のアドバイスを活用していただければと思います。

小学校英語は音声を重視

もちろん、国を挙げて**英語のコミュニケーション能力を高めようとする新たな動きも始まっています。**２０２０年４月から小学校での英語教育の導入が３年生に引き下げられたのはその一例です。それ以前は5年生から（２００８年に告示された小学校学習指導要領で、２０１１年４月から5、6年生での導入が決定。移行期間の２００９年４月以降、多くの小学校が前倒しで実施）だったものが、２学年も早まったのです。

これは「２０２０年の教育改革」とも呼ばれる、新学習指導要領による変化です。今回の教育改革における目的のひとつには、**今後ますます進展すると予想されるグローバル化に備え、国際社会で活躍できる人材を育成することが含まれています。**

そのためには、世界に通用する実践的な語学力を習得できるように、英語教育の強化や内容の刷新が不可欠とされているわけです。ということで、小３からの英語教育導入は、この改革の柱ともいわれています。

ご存じの方も多いと思いますが、英語は、3年生と4年生では「外国語活動」として、5年生と6年生は「外国語」という「教科」として採用されています（英語教育の導入が5年生からだった従来は、5、6年生の英語が「外国語活動」と位置づけられていました）。英語が「教科」となった5年生からは、英語の教科書を使うことになり、英語の成績も付くようになったわけです。

「読む、書く」よりも「聞く、話す」から

2020年度から、小学3、4年生では年間で45分授業が35回（週1回程度）、小学5、6年生では年間で45分授業が70回（週2回程度）実施されることになりました。それまでは5、6年では、45分授業が各35回まででしたが、これが3、4年にスライドし、5、6年生はそれまでの2倍となりました。つまり、**小学生が英語に触れる時間は、3倍に増えたことになります**（授業時間数には限りがあるので、増やすことができない時間は、例えば始業前の15分を細切れに使って時間割を組み立てるといった工夫がされるようです）。

「外国語活動」という位置づけの**3、4年生での英語は、歌やダンス、クイズなどを通じて英語に触れる活動型の学習が実施されます。**英語に慣れ親しむことと、これから本格的に始まる英語学習への意欲を高めるのが目的です。

「聞く」と「話す（短いやりとりや発言）」が中心となります。日常の挨拶や会話を学び、実際に英語を声に出すコミュニケーションを重視。簡単な英会話を身に付けていきます。

一方、**5、6年生の授業では、3、4年生での「聞く」「話す」に、「読む」「書く」の要素が加わります。**「英語によるコミュニケーションスキルの基礎を養う」ことを目的に、より実践的な会話を中心とした内容に変わります。

従来は中学で学ぶ文法も含まれ、疑問詞や代名詞、助動詞、動詞の過去形なども学習します。そして、小学校卒業までに600～700語程度の英単語を覚えるという目標も掲げられています。

3、4年生で身に付けた初歩的なコミュニケーション能力を5、6年生でさらに引き上げます。英語と日本語の表現の違いを理解したり、文法や語彙といった知識を増やしたりするだけではなく、実際に使えるようにすることを目指すわけです。

例えば、在住地域の良さを英語で話し合ったり、英語による日常会話を聞きとったりなど、生徒が身近に感じられるようなテーマから、主体的なコミュニケーション能力を身に付けるといったアクティビティをしていこうということのようです。

右記のような目標を達成するために高学年の授業では、**教員免許がなくても、高い英語力と指導力のある英語指導者やネイティブスピーカーの講師と協力し、英語での発信や聞きとりを積極的に取り入れるよう努力する**といった連携も必要だといわれています。

ここまで読むと、日本の英語教育にはバラ色の未来が待っているように思われそうですが、残念ながら現実は決してそんなに甘くはありません。小学校で英語を教える人材は圧倒的に不足していますし、母語である日本語の基礎づくりなどに注力すべき時期に、外国語に費やす時間を大幅に伸ばすことへの批判の声も少なからずあがっています。

とはいっても、新学習指導要領によって英語教育の低年齢化が促されたわけですから、「ウチの子には早めに英語を習いはじめさせなきゃ！」とあわてて本書を手に取ったという、小さなお子さんをおもちのお母さん、お父さんもいらっしゃるのではないでしょうか？　中1から英語の勉強を始めた自分と比べて4年も早く（5年生から小学校で英語の授業を受けはじめた人なら自分より2年早く）、わが子は学校で英語に触れるようになるわけですから、不安になる気持ちはよくわかります。

「お友達はもうアルファベットが言えるし、小文字も大文字も書ける。単語のつづりも知っているし、簡単なフレーズを英語っぽい発音で話す子もいる。それに比べてうちの子は何も知らない。すごく出遅れている……」などと、ほかのお子さんとつい比較したりすることも多いのではないかと思います。

英語の学習はいつからでも遅くはない！

でも落ち着いてください。早期に英語を始めることはとても効果的ではありますが、**子どもの英語教育に過度の焦りは禁物**です！

私の周りで英語のコミュニケーションが過不足なくとれる日本人にも、「小学生のころは、軽く英語に触れた程度。英語の勉強をちゃんとしはじめたのは、中学生になってからです」と言う人もたくさんいます。英語習得にはいろいろなパターンがあります。早咲きの子もいれば、遅咲きの子もいます。だから、少し落ち着いて**長期計画で考えてもらいたいい**のです。

「小さいころは耳が良く、英語の音の聞き分けがまだ容易にできる聴力をもっている。だからできるだけ幼少のころから英語を始めなければならない」とよく言われます。確かに、音声に関する学習は早いうちからやっておくと有利です。

しかし、誰もが幼少期にレベルの高い英語指導を受けることができるわけではありません。もしも小学校時代に英語を本格的に学ぶチャンスを逸したとしても、追い付くことはできます。**中学や高校から追いかけて学習しても決して遅すぎるということはないのです。**

小3で英語指導が始まったこの**令和の時代においても、私はやっぱり中学から高校にかけての英語学習がいちばん大切だ**と考えています。特に、日常的に日本語で生活している日本のような環境では、学校や塾でいちばん英語を勉強する中高の時期が鍵になると思っています。一般の小学校で週1、2時間、歌って踊ってゲームをして、ちょっとしたアルファベットの読み書きや短い英会話をしても、それほど高いレベルの英語が話せるようになるわけではないだろうと思われます。挨拶と自己紹介、そして買い物くらいであれば英語でできるようになるでしょう。また語彙的にも、中学に進むための土台固めはできるでしょうし、音の聞き分けにも強くなるでしょう。言い換えれば、小学校の英語教育は、本格的な学習が始まる中学・高校への助走期間なのです。そう考えて、小さな時に特殊な英語指導の機会を逸しても、心配せずに大きく構えることが大切なのです。

最初は音を学ぶことを最重視する！

日本人に英語を教える仕事を生業にしている私ですが、海外の英語教育関係者と英語で仕事をする機会も多いです。国内にも外国人の友人は多いですし、今では英語を話すことは私の日常です。これまで教えた生徒たちも、多くが世界を舞台に英語を使って仕事をしています。

そんな経験から、日本で生まれ育ち、ふつうの日本の教育を受ける日本人は、焦りすぎず、**二十歳ぐらいまでに英語が外国語として過不足なく話せればいいと思っています。**

とはいいながらも**私自身は、緊張せずある程度の英語でコミュニケーションがとれるようになったのは、30歳を過ぎたあたりからだったと記憶しています。**20代を過ぎてから徐々に実地訓練を重ねて到達した感じです。30歳は日本人で英語ができるようになる平均年齢よりは少々上といったところかもしれません。

脱！“昭和の”エイゴ学習

緊張せず、英語でそこそこのやりとりができるようなって、もう20年以上が経過していますが、**今もネイティブのように英語を話せるわけでは決してありません。**ここは大事なところだと思うので、ありのままをざっくばらんにお伝えします。

まず私の英語力についてです。TOEIC®TESTS（以下、TOEIC）を受ければ満点が取れますし、英検1級も大学4年で取得しました。全国通訳案内士の資格ももっています。英語のスピーキングの大会で優勝したこともあります。日本人としては、まあそれなりのレベルにまで到達したといっていいと思います。

しかしながら、**ネイティブ並に流暢に話せるかといえば、とうてい無理**です。この先もそんな日がやってくることはないのかもしれません。

そもそも**ネイティブではありませんから、ネイティブのように話せる必要性も感じていません。**ただ英語の勉強は好きですし、少しずつでも向上したい気持ちはもち続けているので、ネイティブレベルに近づくように、今も英語をブラッシュアップしている。そんな状況です。

WHOのテドロス事務局長の英語は〝完璧〟ではない

2020年の新型コロナウイルスの感染拡大によって一躍脚光を浴びたWHO（世界保健機関）のテドロス・アダノム事務局長が英語で話すシーンを、まだ覚えている方も多いと思います。エチオピア出身（※編集部注　1993年にエチオピアから独立し、現在はエリトリアになっている）で50代半ばのテドロス事務局長が話す英語はお国なまりも強いですし、話すスピードも少しゆったりしていて、英語ネイティブからすると、決して〝完璧〟とは言い難いレベル。**ですが声明を読み上げるときもインタビューに答えるときも、つねに顔を上げてはっきりと、自信をもって話すので、言いたいことがすっと伝わってきます。**世界的な国際機関のトップとしての役割を、外国語である英語を使って十二分に果たしているのです。

聞いたことがないという方は、YouTubeで「Tedros Adhanom」と検索すれば、彼の英語のスピーチがいくつも出てきますので、ぜひチェックしてみてください。どこで働くにせよ、あれくらいの英語が話せればノンネイティブの英語としてはもう十分でしょう。

もちろん、より上手に英語が話せればそれに越したことはありません。ただしテドロス事務局長の英語を聞いて、「わが子には、あれ以上のネイティブと同じ英語を話せるようになってもらいたい」と思うのであれば、留学させる、英語圏の海外に移り住む、インターナショナルスクールに通わせるなどして、日本の一般的な学校システム圏外にのり出すといった道を選ぶ必要が出てくると思います。実現するには多額の出費が伴いますし、「ごくふつうの日本の教育環境で、わが子が国際社会で通用する英語を身に付けることができる」という本書の目的とは少しずれてきます。

〝ノンネイティブの英語〟の存在が意識される時代

ウィズコロナの時代、オンラインで世界中の誰とでもつながれる環境が急速に整う中、我々日本人は、世界の共通語としての英語のとらえ方にも目を向ける必要があります。

IOCの総会でオリンピック開催地を決める席などでは、ノンネイティブもたくさんいる委員にアピールするため、わかりやすい英語でプレゼンをする必要があります。難しくてわかりにくい表現の英語を使うと、魅力を十分に伝えることができなくなってしまうからです。そして国際的なスポーツの祭典という特別なイベントに限らず、このような考え方は国際社会では、徐々に一般的になりつつあります。

仮にシンガポールで国際会議が開催されたとします。使用される言語は英語。出席者にはイギリス、アメリカ、オーストラリア、カナダなどからの英語ネイティブもいますが、シンガポール、韓国、日本、中国、インドなど、**外国語として英語を使うノンネイティブがたくさんいるでしょう。**

このような会議の場では、当然ネイティブもノンネイティブも英語で発言します。このとき、ノンネイティブは英語という「外国語」を使用していることに着目しなければなりません。そんな環境で、**アメリカ人やイギリス人が、自国の人しかわからないような難しい英語や、地域が限定された英語を好き勝手に早い口調でしゃべりまくるのでは、グローバルな場では、聴衆の心をつかめずに損をしてしまいます。**

つまり、わからない英語、難しい英語をしゃべると不利になるわけです。多国籍メンバーによる会議では、使用する英語のレベルを変えてノンネイティブにもわかる平易な英語を使うよう努めるべきだ、という暗黙のルールが生まれつつあります。

また、ノンネイティブが話す英語に対して、ネイティブが上から見下すといった行為は、少々差別的だと考えられるようにもなってきています。私もこの考えに同感です。

こういった意識が生まれきている大きな流れの中で、英語でのミスをことさら心配して、「言い間違えたら大変なことになる！」と過度に恐れるのは良くありません。もっと、練習して間違いながら学ぶことを実践すべきです。

日本という環境の中で、外国語として英語を身に付けていくためには、その場その場の要求に振り回されず、大きな視点から子どもの英語教育を考えてみてはいかがでしょうか？

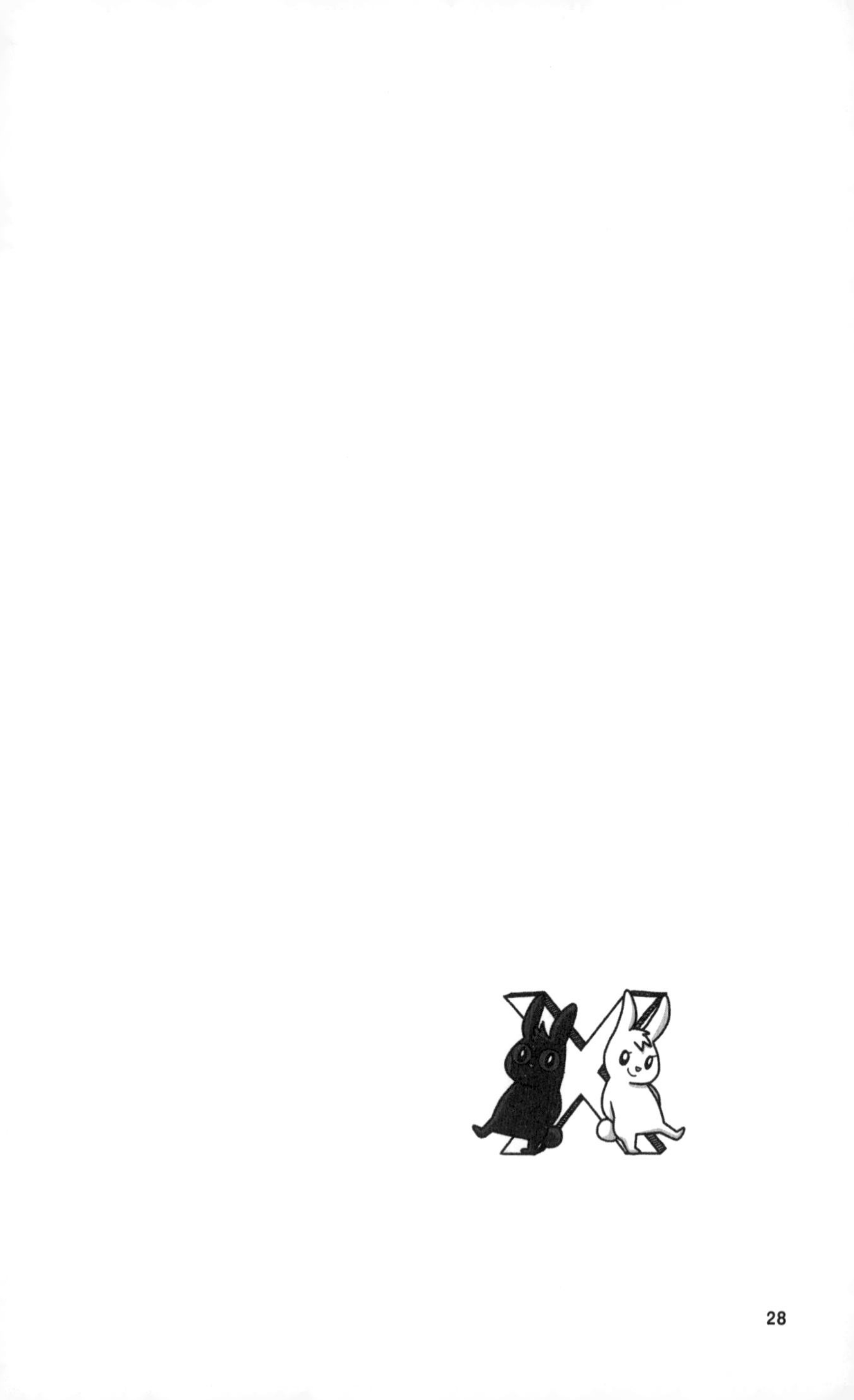

第1章

子どもを英語嫌いにしないために

〜英語学習、大きなカン違い〜

カン違い 1

英語は幼少期からやっていないと手遅れ！

序章で述べたとおり、2020年4月より小学校3、4年生からの英語教育が開始されました。大いに盛り上がっている印象を受けます。では、幼いころからやらなければ、英語はペラペラにならないのでしょうか？　誤解しがちな部分だと思うので、まずはそのあたりをクリアにさせてください。

日本でふつうに暮らしているならば、新生児や幼児、幼稚園児、小学校低学年あたりまでの学習で、ネイティブのような英語を習得するのは、多くの家庭にとっては現実的ではありません。家庭内がバイリンガル環境だったり、特別な教育機関に通っていたりしなければなかなか達成できるものではありません。

「ニューロン（情報処理と伝播能力に優れた脳の神経細胞）の働きが活発である幼児期が言語習得にはもっとも適している」「言語習得が効率良くできるのはある一定の年齢まで

だ」といった臨界期仮説もあり、焦りを覚える方も多いと思います。これは人間の脳には、ある能力を学習するのに適切な時期があって、その時期を逃すといくら努力しても限界があるという考え方です。幼児教育を語る際に頻繁に用いられます。本当にネイティブと同じに育てようとするなら、この説も当てはまるのかもしれません。

しかし、実際にこの日本において、幼少期に大量の英語に触れさせて育てて、子どもをネイティブのようにするというのは、一般の家庭でなかなかできることではありませんし、**そこまでの労力をかけてネイティブのようにしなければならないのかを再考する必要があるとも**思います。私自身は、日本語をベースにノンネイティブとして英語が十分に使いこなせるようになればよいと思っています。本書の第3章も参照して、まずはいつまでにどのような英語を目指すのかを明確化することが重要だと思います。

2008年に、小学校への英語教育が初めて導入されることが発表された際も、早期の英語教育が適切かどうかについては大きな論争が巻き起こりました。結局他国の状況や統計データなども鑑みて、小学校での英語教育がスタートしました。

さて、幼稚園や小学校低学年で英会話学校に通わせることは当然効果的です。ただし、

低年齢から始めても、日本という環境の中では英語がペラペラと話せるようになるとまで期待しすぎないほうがよいということです。スポーツと同じで、一部の特別な例を除けば、低年齢から週に1回ほど英語を習わせても、ネイティブのようなレベルになることはあまり期待できないでしょう。英会話教室や学校の授業を通じて、英語に対する肯定感が育ち、もっと勉強したいという気持ちになれば、それだけで大成功なのです。過度の期待は禁物です。むしろ、その後の中学や高校での学習のほうを重視することが大切だと思います。

詰め込み型の英才教育は逆効果の場合も

親御さんがもっとも気を付けるべきは、**小学校時代に英語を詰め込もうとしすぎて、わが子を英語嫌いにしてしまうこと**です。逆に言えば小学校では、子どもが英語に対する否定的な感情をもたないよう、**やりすぎを監視することも大切です。**

小学生までは英語のレベルよりも、英語に対する肯定感を重視してください。**小6までは、「英語で好成績を取る」ことよりも、「英語が好きになる、英語をもっと勉強したくなる」ことがゴール**と考えましょう。小学生のうちに英検の高い級を取ることは、それほど重要ではありません。「頭がやわらかい小学生のうちに、できるだけ高いレベルの英語力を身に付けさせないと！」などと考えすぎると、いちばん大切な英語に対する肯定感を傷つけることになるかもしれません。

教育熱心なご家庭に、ときに見られる傾向だと思うのですが、小学生、ときにはまだ幼稚園の子どもに、英語の教材を机で強制的にやらせるケースもあるようです。ここで、英語をつらい勉強だと思い込んで否定的な感情をもってしまうと、親の手を離れて自立的に英語を勉強しなければならない中学・高校時代に、英語の勉強に身が入らなくなってしまうかもしれません。

英語嫌いになると、英語に対して苦手意識が植え付けられ、英語に触れることが苦痛になっていきます。一度英語が嫌いだと思い込んでしまうと、**英語に対してふたたび肯定的な気持ちをもたせるのは、不可能ではありませんが、至難の技となります。**

いちばん英語を勉強しなければならない中学高校の時期に、英語への興味がなくなり、授業にも身が入らなくなる。勉強もしないから成績も良くない。英語を使ったアクティビティにも参加したくなくなる。私もよく目にしますが、こんな最悪のケースだけは、なんとしても避けなければなりません。

私は、これまでたくさんの子どもたちに英語を教えてきました。社会人になってふつうに英語ができる若者に成長した教え子もたくさんいます。彼らは仕事で英語をしっかり使いこなしていますし、なかには日本を飛び出して、海外で仕事をしたり家族をもって生活を送っていたりする人もいます。

私が間近で見てきた、**大学や社会人になって英語ができるようになった若者に共通するのは、いつから始めたとしても英語に対する肯定感をもっているということです。**そして、中学・高校・大学時代に一定期間、自らの目的をもってしっかり勉強したというケースが大半を占めています。

"日本語力"を英語力の土台として使う

特別な例を除いて、日本人として日本で生きている限りは、日本語で生活することが基本となります。ですから、まず子どものときは、日本語をきちんと習得することも大切なのはいうまでもありません。特殊な環境でなく、日本の社会の中で子育てをするのであれば、第一言語は日本語となり、社会の仕組みや文化を日本語で勉強し、難しめの読書も日本語となるでしょう。そして、日本人として生きていくための土台が日本語でできていきます。この日本語の土台の上に、外国語の英語が乗っかるわけです。

この土台がしっかりしていたほうが、上に乗っかる英語も安定します。例えば、母語の日本語で環境問題について論理的に話すことができないのに、外国語の英語で話すことは難しいでしょう。日本語で要点をまとめられない人は、英語でもそうですし、明快な日本語を話す人は、英語でもわかりやすくしゃべります。難しいことですが、この母国語と外国語の関係もよく考えながら子育てをしていくことも、私は大切だと思っています。

英語の〝音〟を幼いころから聞かせるのはおすすめ

ただし、ひとつだけ注意しておきたいのは、**「英語の音声認識や発音、反射神経に関しては幼少期に身に付けておくと有利だ」**ということです。

私は国際性を売りにする大学で勉強したため、同級生の多くが帰国子女でした。子どものときはアメリカで育ち、現地校で英語の授業を受けていたといったクラスメイトがたくさんいて、テレビで活躍するバイリンガルキャスターをたくさん輩出するような大学でした。

当時はひそかに、「そんな君らがなぜ英語学科で学んでいるの？」と不思議に思ったものです。アメリカなど英語圏に何年も住み英語で勉強していた経験があるのに、なぜ日本の大学でまでわざわざ英語を勉強しているのか……。国際関係学部や法学部など、別のことを学べるところに行けばいいのにと、解せなかったのです。

彼らに言わせると、「幼少期にアメリカで育ったからといって、まともな英語が使えるわけではない。ただ**小学校のころ向こうにいたから、発音と聞きとりの力だけは残っている。でも、難しいことを話したり、エッセイを書いたりはできない。**せっかく残っている英語耳と英語の発音をちゃんと生かせるように、大学で大人の英語を学びたい」とのことでした。

多くの帰国子女の友達がこう言っていたのを、今もよく覚えています。彼らのこの言葉には、幼児の英語学習に関するちょっとした答えが含まれているのではないでしょうか。

つまり、**幼少期に身に付けた聴解力や発音は大人になっても残るということです。**

一方で、難しい単語などの知識をやみくも詰め込んでも、それを維持しようという気持ちがなければ忘れてしまいます。だから、小学校までの英語学習は、子どもの知的成長に合わせて英語が楽しくなるような活動を通じて、**耳と口の力を育て、英語をもっと勉強したいと思える準備期間だと考えると良いでしょう**。もちろん、高学年になり、本人の知的欲求が高まれば、知識を入れていくのも良いと思いますが、大切なのはつねに本人の英語に対する姿勢を観察しながら慎重に進めることです。

カン違い

2 学校や塾でいい点数を取っていれば問題ない

親同士で「うちの子は英検の○級に受かった!」といったマウンティング合戦を繰り広げるのは、当然のことながらNGです。受ける級の本当の実力がまだ備わっていないうちから、子どもにテスト勉強をやらせて英語の級だけを上げていってしまう。これをやり続けると、小学校の間に英語が嫌いになる素地をつくってしまうことになるかもしれません。

さらに、小学校までは楽しく英語に触れることができたとしても、中学に入ってから、子どもが英語嫌いになってしまう落とし穴が2つあります。

1つ目の落とし穴は、テストの出来に親が大きく左右されてしまうことです。

小学生までは英語が大好きだった子が、学校のテストの出来が悪いことがきっかけで英語嫌いになってしまう。これを回避するには、学校のテストや通知表の成績が悪くても過剰反応しないことです。

テストにもいろいろな種類があります。例えば、英語を音で処理することが得意でも、スペリングばかりを試すようなテストでは良い点が取れないことがあるかもしれません。また、英語でコミュニケーションがとれるとしても、紙の上で文法ばかりを試すテストでは良い点が取れないかもしれません。

すべてのテストがバランスの良い英語力を測っているわけではありません。ですから学校や塾、予備校から出された宿題に対して、「宿題は終わったの？　早くやりなさい！」などという前に、果たしてそれらの宿題やテストが本当に適切なものなのかを検証したうえで言葉をかけてやることが大切なのです。

どのような授業を受けているかを見極めること！

2つ目の落とし穴は、**入学した中学や塾のクラスが、日本語での説明やノート作りや問題演習中心の、英語を発話しない授業に当たってしまうこと**です。学校ではこのような授業は少なくなってきましたが、総合学習塾の英語の授業にはいまだにこのような授業が多く残っています。そうすると、せっかく小学校までに英語の音になじんできたのに、ここで音を使わない学習に埋め尽くされ、それまでの努力が台無しになってしまいます。

保護者の皆さんも、塾に通わせる前に、塾で使われている英語の教材を少しだけ研究してみてください。ネイティブ音声を使わずにひたすら文法問題だけを解いていくような教材を使うやり方はもう完全に時代遅れです。また、それを淡々と日本語で解説するような授業なら、その塾は避けておくのが無難です。

指導者を選ぶ際に大事なのは、**「教える生徒たちに、英語を実際に使わせることを重視する指導者かどうか」**です。学校では文科省の方針としてそのような指導をすることを英語の先生に求めていますが、民間の教育機関には国のガイドラインはありませんから、教え方はさまざまです。また、学校でも大昔のやり方をそのまま続けているようなケースもあるようです。

中学1、2、3年、そして高校1、2、3年の6年間、学校でどんな英語の指導者に当たるかがわが子の英語の出来を大きく左右するわけですが、これはくじのようなものです。英語を生徒に使わせる授業を展開する先生に当たれば幸運です。英語ができるようになる確率はグッと高まりますが、先生がたくさんいる中で、全学年、毎回の授業で「ホンモノの英語を教える」という同じ価値観、方向性をもった先生に当たり続けるのは至難の技です。

また、受験の問題を解くことだけを重視する先生のみに当たり続けてしまうと、英語を勉強する目的を見失ってしまうかもしれません。英語の学習の目的が、ペーパーテストの問題を解くため、点数を取るためだけになってしまいます。**問題に向けて勉強するのが悪いわけではなく、それ一辺倒になるのがいけないのです。**

多かれ少なかれ、特に進学塾や進学校と呼ばれる学校ではこのようなことはありますから、小学生時代以上に難しい舵取りをしなければなりません。私の意見では、この中学高校時代の舵取りが、小学生時代の何倍も重要だと思います。

ほんの一例ですが、親の舵取りで成功した事例を紹介します。

その家庭では、小学校時代までは、歌やアニメ、学校のちょっとした活動で英語を楽しませるようにしていました。そして幸運なことに、中学一年時は音を使った指導をする先生に当たったものの、進学校であったため、徐々に受験色が強くなっていきます。今では役に立つと思えない古い文法の参考書や問題集、受験問題を羅列しただけの副教材が課題として出されるようになりました。そうすると、子どもも英語が嫌いになりそうになります。

ここで、見かねた親が舵取りをし、教材を整理し、本当に必要なものだけに絞り込みました。まずは、音声が付いていないような古い教材はやらないように指示をしました。さらに、オーディオプレイヤーを使って音声を使った集中学習を推奨して実力を高めました。

その結果、大学入試センター試験でもほぼ満点を取り、大学受験も成功し、大学を卒業するころには十分に英語が話せるようになりました。

この場合、親が学校の方針を盲信せず、つねに監視の目を光らせていたことが成功の鍵となりました。単に学校や塾に丸投げするのではなく、その方針をよく監視することが大切です。だから、日本で英語ができる子どもを育てるためには、小学校時代よりも中学高校時代のほうが、ずっと難しい舵取りが必要なのです。

ふだんの会話の中で、「英語の先生はどう？　どんな授業をしているの？」とさりげなく聞いてみたり、教材を手に取ったりするようにしましょう。そして、授業で先生が英語で話す姿を見せているのか、ネイティブの音声を使っているのか、教材には音が付いているのか、など目を光らせておきましょう。

そして、明らかにおかしなことをやらせているのだとしたら、親として角が立たない方法で、介入して舵取りをする必要があると思います。

カン違い 3

英語が苦手な親にできることは何もない

「学校の英語の成績はそこそこだったけれど、今はカタコトの英語しか話せない」「英語はとにかく嫌いで成績もずっと悪く、社会に出てからは英語とは無縁の生活」。このような読者の方もいると思います。苦手な英語を自分が教えるのはとうてい無理、手助けできることさえないなどと無力感に襲われているご両親もいることでしょう。でもじつは、英語の能力にかかわらず、子どもが英語を習得するために親がしてあげられることはたくさんあります。10年～15年と長期にわたって**子どもの英語学習の過程を見守るサポーター役**です。そのために本書があるわけです。

まず幼稚園や小学生時代は英語嫌いにさせないことが親の第一の役目です。そのためには子どもが前のめりでくいついてくるような、英語の歌やダンス、アニメなどといった楽しいものに触れさせることです。また、近くにそのような方針の指導者を見つけてあげることもできます。

小学生の前半までは英語の音をたくさん聞かせて、文字に興味を示すようになってきたら、音に慣れるのに効果的なフォニックス（後述。94、95ページ参照）をやらせるなどして、英語の音と文字の関係を少しずつ理解させていきます。

本格的に文法を学びはじめる中学時代は、問題を紙で解くだけの学習で終わることにならないよう細心の注意を払います。具体的な学習法はこのあとの章で詳しく説明しますが、教科書のお手本の音声ＣＤをフル活用、耳で聞いて、聞こえた通りに音読する習慣を徹底させるよう促しましょう。家で英語ネイティブの音声と子どもの音読の声が聞こえてこない日がないようにし、使い回しの利く基礎の英文が詰まった教科書を暗誦できるレベルにまでもっていくことを、親子の共通目標とすると良いでしょう。

高校時代は、たとえ学校が受験英語一色となり、受験問題中心の英語しかやらなくなったとしても、家庭では英語ネイティブの音声素材を聞き、音声活動をするようサポートをします。

学校でどのような指導を受けているのかをよく確認しつつ、その指導方向がズレていると思えたら、自宅で軌道修正していく必要があります。特に高校時代は、多くの人がいちばん勉強するといってもいい重要な時期です。この時期こそ、大学受験問題に偏りがちな周りの流れに逆らって、音を使った本来の英語学習へと誘導することが重要です。

また、子どもの年齢にかかわらず、海外の文化や外国人の生活様式に触れられるような機会を、積極的に与えることも親ができるアシストです。小さいころなら近所の外国人と家族ぐるみで付き合う、英語のサマーキャンプへの体験入学やオンライン英会話のトライアルをすすめてみる、中高生になれば短期留学の機会などを提供することができるでしょう。

これらは、英語が苦手な親であってもできるサポートです。逆に言うと、長年そばで一緒に暮らす親でしかできない手助けです。反抗期など親子関係が難しくなり、干渉がどれくらいできるかといった問題も絡んではきますが、ふだんから意識して、フランクになんでも言い合える良好な親子関係を築いておけるようにしておきたいものです。

第1章

子どもを英語嫌いにしないために
～英語学習、大きなカン違い～

私の英語 History 1

ローマ字教室でアルファベットに慣れ親しむ

日本の地方で育ち、特別な教育を受けたわけでもない私が、どのようにして英語を勉強してきたのかを紹介したいと思います。私はものすごく遠回りをしたので、真似はしていただきたくないのですが、反面教師となる有益な失敗例もあると思うので、参考に読んでみてください。

生まれたのは、福岡県北九州市です。そして育ったのは遠賀《おんが》郡岡垣町という山と海に挟まれた小さな町です。もちろんグローバルとは無縁の環境。小学5年生までは、公立小学校に通い、英語にはほぼ触れることがない生活でした。

両親は英語のことはまったくわかりませんでした。簡単な単語とＨow are you? レベルの短い日常会話のフレーズをいくらか知っている程度でした。父は新日鉄（※編集部注　現在の日本製鉄）の下請けで、線路の製造をする会社に勤務、母は新日鉄の事務員でした。

当時は子どもが多すぎて、小5のときに学校が二つに分かれ、中学でも途中で学校が二つに分かれました。今のようにひとりひとりの生徒に手厚く英語教育をという環境ではありませんでした。

そんな街にも「英語教室」がありました。放課後に近所の小学生を相手に、ローマ字を教える教室です。私がアルファベットに触れた最初の場所です。小6のときだったと思います。1クラス20人くらいで一緒に週に1時間だけ、ローマ字を習いました。日本語を表記するためのローマ字は英語を学ぶうえではメリットとデメリットの両方があります。私もローマ字のデメリットには相当苦しみました。

田舎なので何もないし、学校が終わっても暇です。ひとりっ子でしたので、家にいても退屈でした。となれば、友達と遊びたくなるというものです。英語教室にはみんなで遊べるおもちゃも置いてありました。ちょっとローマ字だけたまに習って、あとは友達と遊ぶ、たまり場のような楽しい場所でした。

そんなゆるい環境でローマ字を学びました。ローマ字に当てはまらない単語が出てくると、先生はそのつど読み方を教えてくれたりもしました。「mysteryの最初のyのところはね、〝ムイ〟ステリーではなく〝ミ〟ステリーと読むんだよ」といった感じです。

中学生になると、入学時にはローマ字しかわかっていない状態から、いきなりThis is……とIs this……?を習うわけですから当然、ほとんどの生徒は読み方がわからない。thをディと読める子は誰もいなかったのです。

そんななか、ローマ字教室に通ったおかげで大文字のみならず小文字まで書け、さらに筆記体までマスターしていた私は、すごいアドバンテージをもっていました。英語の音が聞こえるわけでも、話せるわけでもないのに、小文字や筆記体が書けるというだけで圧倒的な優越感に浸ることができました。若い人には衝撃でしょうが、当時の中1は入学時には小文字が書けないのが一般的でした。

みんなthisが読めないなか、ローマ字を習った私は「トゥヒズ」と読むことはできました。「トゥヒズじゃなくてディスというのか。まあ似ているな」くらいに思ったのでしょう。ディスという読み方にもさして抵抗なく、割とさっと入っていけました。

小文字も筆記体も書けるという貯金があったことで、授業にもさほど苦労せずに付いていけた中1〜3までは、中の上といった英語の成績でした。1、2年前に実家から出てきた中2の成績表を見たところ、5段階評価でほぼ全教科3の中、英語だけはかろうじて4でした。まぁ、平均よりはできるという感じでしょうか。

中1のときの英語の先生は、たくさん声に出して読ませる人だったおかげで、トゥヒズじゃなくてディスというのがよくわかったのは、良かったと思います。それ以外はあまり記憶には残っていませんが……。

中2の英語の授業はとても退屈でした。3年生の授業はまったく記憶に残っていません。1、2年の英語の先生は2人ともおぼろげながら顔が浮かぶのですが、3年のときは先生の性別も思い出せません。

高校入学には受験がありましたから、試験の直前だけはにわかで勉強しました。そして家から近い公立高校へ通い、昔ながらの和訳ばかりの退屈な英語の授業を3年間受けました。(「私の英語History 2 (72ページ)」に続く)。

第2章

子どもの英語嫌いを防ぐためのツボ

好きになるか嫌いになるかで明暗が分かれる！

じつは**20〜30年ほど前から、今と同様にさまざまな教材や教室が生まれ、小学生までの英語教育が盛んになりはじめました。**幼稚園から英語教室に通わせるなど、この読者の親世代、つまり子どもから見れば祖父母の代も、子どもの英語教育のためにいろいろ手を尽くしてきたわけです。

しかし今の日本を見渡してみると、ふた昔前に子ども英語教室に通っていた人の果たして何パーセントが、十分な英語を使いこなせるようになっているのでしょうか？　小学校のころはちょっとした英語で楽しく遊んでいたのに、高校に上がったころには、受験一色で英語嫌いになって、大人になってもＴＯＥＩＣで苦しんでいる。そんなケースを随所で見かけます。

このことからも、小学生までに英語に力を入れるだけでは物事は解決しないということがわかります。もちろん、早くからやるのは良いことなのですが、**英語教育は15～20年と長い目で見据え、計画性をもって取り組んでいく必要がある**わけです。

「小学生までにペラペラに」「半年間でできるようになる」というように焦りすぎないことが重要です。外国語の習得は、じっくりゆっくり**長期戦の構えでやっていく。**英語が本当にできるようになるために大切なのは、結局そこなのです。

特に小さなうちに過度の学習プレッシャーをかけると、英語嫌いになってしまう可能性があります。**英語という科目は、好きになるか嫌いになるかが圧倒的に大事**だと思ってください。だから苦手だ、嫌いだといった気持ちを植え付けないことが、表面的な見える成績やスコアよりも長期的には重要なのです。

英語を使いこなせるようになる3つのケース

小中高すべて公立の学校に通ったにもかかわらず、大学生以降に外国語として英語を十分使いこなしている若者も、多くはないですが確かに存在します。彼らの両親は、特別に法外なお金をかけているわけではありません。日本のふつうの環境で育っても、英語ができる子が育つこともあるのです。

帰国子女だったり、両親のどちらかが外国人だったりといったケースも当然あります。けれども時として日本人を両親にもった、日本生まれ日本育ちの環境にありながら、英語が良くできる子もいるのです。そういった子たちは、以下に挙げる3つの条件のうち、**少なくとも1つは満たしている**場合が多いのです。

❶良い英語指導者との出会い

前章で、中学・高校の6年間においてお世話になる先生の指向性や資質を見抜く方法をお伝えしました。特にこの時期に良い指導者と出会うことができれば、英語学習の歯車がうまく回るようになります。

❷長期的な視野で英語学習をとらえることができる親の存在

ネット上には、英語学習や受験の情報がたくさん渦巻いていますが、それらが相互に矛盾している場合も多いです。親がそれらの情報を整理し、英語学習の長期的なロードマップをしっかり描き、「二十歳くらいまでに英語が使えるようにする」と、どっしりと腰を据えて見守ることができれば、子どもも迷わず一貫した方針のもとに学習できます。

❸英語圏の文化に刺激を受けて自らスパーク

アメリカやイギリスといった、英語圏の文化との出会いによって、子ども自らがスパークして発奮し、自力で英語を猛然と学んでいくケースです。最近では韓国語が良くできる日本人の若者も出てくるようになっていますが、これは文化への興味から外国語を習得するモチベーションを得たケースです。映画や連続ドラマ、音楽といったエンタメやスポーツなど英語圏の文化に傾倒したことで、より詳しく知りたいという気持ちから英語の習得にのめり込むわけです。

❶は親自身がコントロールできることではありませんが、❷と❸はツボさえおさえておけば、親が子どもの英語嫌いになるのを十分防げるはずです。

ツボ 1 佇まいはクールに、内面はギラギラに

少し気を付けておきたいのが、**「親の熱量は子どもの熱量に反比例する場合がある」**ということです。

親が英語教育に一生懸命になりすぎてプレッシャーをかけ続けると、子どもの英語学習に対する熱量が、徐々に下がっていってしまうことがあります。親の熱量と子どもの熱量が比例する家庭もまれにあります。けれど多くの場合、反比例して、子どもの自主性が低下してしまいます。

親として望ましいスタンスをわかりやすく表現するならば、「ギンギラギンにさりげなく」でしょうか。

わが子よ、ぜひ英語ができるように頑張ってくれ!!
と心の奥底ではギンギラギンに思っていたとしても、
子どもの前ではさりげなく、クールに振る舞って
ということです。

子どもに英語学習をすすめるときはさりげなく。これをやれ、あれもやれと親が騒ぎ立てると子どもは、うっとうしいと感じ、逃げてしまいます。

おすすめの教材を何としてもやらせたい場合でも、「絶対やりなさい！」ではなく、「ちょっと、やってみる？」程度に、さりげなさを**装ってアプローチ**してください。もちろん、この本を読んで皆さんが研究していることも、子どもには知られないようにしましょう。

ツボ 2

「内面からスパークする」環境を整える

日本で英語をマスターするのにハードルがとても高い理由としては、1億2千万人もの人々が日本語圏で暮らしているという事実があります。また現在は、映画、音楽、アニメ、漫画、お笑いといったエンタメや食文化、ファッションやテクノロジーといった分野が全方位的に成熟したレベルにあることも、英語学習の妨げになっているといえるかもしれません。

アンクールジャパンの時代のほうが英語に貪欲だった

私が子どものころはかなり違っていました。エンタメをはじめ、日本のコンテンツは、若者にとってそれほどカッコいいと感じられなかったのです。中学のときに映画館へ行っても、邦画は任侠ものと人情もの、そして時代劇が中心でした。歌番組の中心は歌謡曲や演歌。今よりも若年層比率がだんぜん高かったのに、若者向けの日本のエンタメのコンテンツは、そこまで豊富ではなかったのです。そして、今のようにネットやYouTubeも存在していませんでした。

つまり、私の中学、高校時代は、カッコいいエンタメが、日本語圏にはあまりなかったというわけです。アイドル文化全盛の時代ではありましたが、ちょっと背伸びしたい、トンガったことがしたいと思っているときに、カッコいい、おしゃれだな、と思うものがあまりなかったんです。

そして当時、カッコいいと思えたのは、クイーンやビートルズ、ビリー・ジョエルといった、イギリスやアメリカ発の音楽だったのです。いきがって、カッコつけたい若者が目指すものは、英語圏からやってきました。

映画も同じです。ハリウッドは、スティーブン・スピルバーグやフランシス・フォード・コッポラ、ジョージ・ルーカスが全盛の時代でした。今ではアカデミー賞は、日本ではほんのわずかニュースになる程度ですが、昔は作品賞を獲得する映画が何であったかは日本でも大きなニュースとなり、中学生の私でも注目していました。

アメリカ、イギリス文化は私たちの憧れでした。福岡県の片田舎出身の私は、外国人を見たことは中学まではほぼ皆無。ですから、アメリカ映画に出てくるような外国人を初めて生で見たときの興奮は相当なもので、「みんな、カッコよか〜」とため息を漏らしていました。

だから、**英語が嫌いという学生は今よりも少なかったように思います。**学校の英語は退屈だし、よくわからないけど、**英米のカルチャーはカッコいいから英語もカッコいい。英語が話せるようになりたいと多くの若者が感じていたと思います。**

意外なことですが、私が子どものころは、自身の内面から**「英語を学びたい！」という欲求が起こるきっかけを、今よりも得やすかった時代**だったのです。

今は英語への興味をもちにくい環境にある

長くなりましたが、この観点からすると、今の子どもたちは英語への興味がスパークするきっかけをもちにくい環境に生きているといえます。前述のとおり、エンタメ全般が成熟したレベルで、日本語で十分にカッコいい音楽や映画・ドラマが楽しめるのに、わざわざ英語圏のエンタメに手を出そうとしないわけです。20～30年くらい前までは、劇場で上映されるトップ10の映画の過半数は英語圏の映画でしたが、今ではそれも完全に逆転しています。このことも指向性の変化を表していると思います。

さらに昔と違って、今は子ども、若者、中年など、それぞれの年代に向けたコンテンツがあります。若い層はYouTube、上の層はテレビと、娯楽や情報を得るメディアのすみ分けも起こっています。つまり、「ここにはない何かを見つけたい！」「もっと観たい！」といった、いわゆる〝飢餓感〟のようなものが生まれにくくなっているのです。

とはいっても、アメリカドラマなどにハマって、英語が大好きになり、英語の勉強に没頭する若者も一定数います。親がこのような英語圏のエンタメをさりげなく紹介し、興味をもたせることもきっかけづくりになるでしょう。

英語圏のドラマを一緒に楽しんでみよう！

もし、ネットフリックスやAmazonプライム、Huluといったビデオ・オン・デマンド（以下VOD）サービスに加入している家庭であれば、ティーンが楽しめる英語のドラマに数多く出合うことができます。サービスによっては、日本語字幕も英語字幕も出すこと消すことも可能。すべてがリモコン操作で簡単にできます。日本のアニメやドラマにも、英語吹き替えで見られる作品があります。

リモコン片手に英語のドラマやアニメ、映画がいつでも楽しめる時代がやってくることは歓迎すべきです。台本を手に入れてセリフを確認していた、私たちの時代の学習法とは雲泥の違いです。

VODで英語のエンタメが見放題といっても、そもそも**今の子たちは欧米のドラマになかなか興味をもってくれません。**日本のドラマ、韓流ドラマ、そのつぎにやっとアメリカのドラマという感じでしょうか。同じ言語でなじみのある俳優が出演する、面白いコンテンツに食指が動くのです。ですから、**英語の作品に誘導するのはそれほど簡単ではない**と思ってください。

作戦としては、自分の好みは封印して、例えば若い層が好みそうなドラマを探し出して、まずは自分で観てみましょう。夫婦揃って一緒に観るのもいいですね。学園ものや青春もの、またはシットコム（コメディー色の強いドラマ）などはおすすめです。

「ママとパパが楽しそうに見ているあの英語の番組はなんだ?」と子どもが画面を見つめだしたらしめたものです。さりげなくあらすじを説明したりして、一緒に観る環境をつくり出してみましょう。ただし、押し付けがましくならないように気を付けてください。

ツボ 3

積極的に恥をかく

もしあなたが英語嫌いだったり、苦手意識があったりする場合は、子どもに「しゃべれるようになりたいけど、じつは苦手」と、率直に打ち明けてみるのもアリでしょう。子どもの前ではつねにカッコいい姿を保っていたいという美学をもったお父さん、お母さんもいるかもしれません。でも早い段階で苦手だとカミングアウトして、**「だから教えて」「一緒にやろう」という方向にもっていけると、**長い英語学習の伴走役も、少し気楽にできるのではないでしょうか？

子どもが「ママとパパは英語ができない」とわかっていれば、わが子から宿題の正解を尋ねられて答えられず、恥をかくような事態も回避できます。

また「英語が苦手な親」であれば、子どもの英語の成績がさえなくても、とやかく言うこともなかなかできないので、子どもを英語嫌いにさせてしまう可能性も低くなるでしょう。「英語ってすごく難しいよね。でも、正しく学習すればできるようになるらしいよ。応援してるよ」というように否定はせず、ポジティブな言葉をかけてあげるようにしたいものです。

さらに、**苦手でも親が学習する姿を子どもに見せる**のもいいと思います。「毎日ネイティブの音声をお手本に聞いて口に出そう」と子どもに言う前に（詳しくは第3章以降で説明します）、有言実行すると説得力が増すというものです。「変な発音になってないかちょっと聞いてみてもらえる?」「この単語がうまく発音できないんだけどコツを教えて」などと、親から子どもにアドバイスを求めるのも、子どもの学習意欲を高めることにつながるかもしれません。

逆に英語が堪能な親の場合は、ついつい子どもの英語にダメ出しをしたくなるものですが、言い方や頻度には十分気を付けたいもの。また、英語ができる親ほど、言い間違いや自分にも知らない単語や言い回しがあることを隠したがる傾向が強くなりますが、あえて、わからないものはわからないと言って、一緒に辞書で調べたりするのもいいと思います。

ツボ 4

言葉のかけ方を知っておく

子どもの英語学習に限らず子育ての基本は「褒めて伸ばす」ですが、子どもへの言葉のかけ方にも注意が必要です。まず、大原則として**ほかの子や兄弟姉妹と比較することはやめましょう。**英語は周囲の成績や英語力と比べるのではなく、昨日の自分よりも今日の自分というように、己の上達具合に目を向けて磨きをかけていくものであるというのが私の持論です。「○○ちゃんや△△ちゃんより発音が上手だね」ではなく、「発音がどんどんカッコよくなるね」や「堂々としてきてすごいね」のように褒めてあげて、子どもが自分の英語に自信をもてるようにしてあげましょう。

また周囲と比べてできない、劣っている点をあげつらうのもご法度です。「○○ちゃんが英検でもう3級を取っているのに、どうしてお前は5級さえ受からないの?」といった発言は最悪です。英検に関しては「受ける気があるだけでもすごい!」、学校のテストに関しては「重箱の隅をつつくような細かい内容のものもあるらしいから、1、2回点数が悪くたって気にすることないって。正しい勉強法を続けていれば、そのうちきっと点数も上がるでしょ」というようにフォローしてあげたいものです。

あきらかに学習をさぼっている場合でも、「怠けてないでやりなさい!」と頭ごなしにしかり付けては、逆効果になるばかりです。こんなときは、「ママとパパも一緒にやりたいから、リビングで英語の勉強をしようよ」とか「物語また聞きたいから朗読して! お願い!」など、**命令口調ではなくお願いベースの変化球で**ひと言かけてあげましょう。

年齢が上がるごとに、英語学習のハードルも上がりますから、読解問題対策として英文を、一文ずつ時間をかけて精読したり、難しい単語を暗記したりなど、ツラい作業の時間も徐々に増えてきます。こんなときも単刀直入の「やれ!」系のひと言は避けましょう。「このパラグラフの精読が終わったらゲームでもやれば」「単語の暗記クイズ、お母さんが出してあげようか? 正解率80%以上ならサプライズデザートあり!」などと飴と鞭《むち》の〝飴〟部分も臨機応変に使っていきたいものです。

もし、あなたが簡単な英語を勉強している場合は、ロールプレイの相手を子どもにお願いしてもいいかもしれません。例えば、NHKの英会話の教材などにはたくさんの会話例がありますから、親子で役割を決めてセリフを読んで練習してみるとか。ネイティブの音を真似しながらやるといいでしょう。

学校の教科書にも会話例があります。これを一人で練習するのも退屈ですから、相手になってあげながら、さりげなく学校の授業のことなど聞いてみるのも良いでしょう。

もちろん、どのような言葉を投げかければ効果があるのかは、家庭環境や子どもの性格によって異なります。子どもとの関係をよく見直し、どのあたりがモチベーション低下につながらない境界線なのかをよく知っておくことが重要です。

私の英語
History 2

予備校時代に良き指導者と出会う

高校では英語の成績はさっぱりでした。進学校でもあったので、中の中か、中の下といったところ。部活に没頭していた2年のときは、成績も最下位近くまで下がったこともありました。

学校で英語ネイティブの音声を流すことはほぼなかったと思います。リーディングの教科書を音読し、文法の時間に解説を聞くだけの授業だったと記憶しています。東京など大都市の学校では、同じころにもうネイティブの音声をお手本として聞いていた可能性もありますが、私の学校ではこのような、座って聞いているだけのスタイルが主流でした。

私の英語 History 2

ただ、映画館に英語の映画はよく観にいきました。映画好きだったので、いつかホンモノの英語を勉強してできるようになりたいという**英語圏への強い憧れがあったのです。学校でやっている英語という科目と、映画館で聞こえてくる英語はまったくの別物としてとらえていました。**同じ英語でも、前者と後者を自分の中で別種のものとしてはっきりと線引きしていたので、学校の英語の勉強は、一向にやる気になれなかったのです。

現役での大学受験は思うような結果がでなかったので、浪人することに決め、予備校に通いだしましたが、そこで英語を教えてくれたのが、とても発音が上手な先生でした。

カッコいいなと聞きほれる、洋楽や、アメリカの映画で聞く英語のセリフと同じような感じに聞こえる発音をするその予備校の先生が一気に好きになりました。その先生の影響で**テキストをたくさん音読した**ことがツボにはまったのでしょう。英語が少しできるようになるきっかけとなりました。

だから、私が本当に英語らしい英語に触れて勉強しだしたのは高校卒業後とかなり遅めでした。(「私の英語History 3 (208ページ)」に続く)。

第3章

じっくりゆっくり&楽しく!

二十歳までの英語学習ロードマップ

「英語が使える社会人」になることを目標に！

本書では、公立では小学3年生から英語の時間が始まって、5年生から英語が「教科」となり成績まで付くようになる、という新しい流れの中で、子どもの英語学習と親がどう向き合っていけばいいかを考察しています。また、幼少期からバイリンガル教育をするような、特別な学校に通うことがないであろう大半の日本のご家庭を想定しています。

子どもの記憶力や吸収力、適応力はすごいといっても、日本のふつうの環境では**1年や2年やそこらで英語がペラペラになることはまずあり得ません。**もっと長いスパンで、段階を追って英語力を積み上げられるようにする必要があります。

ですからこの章では、幼少時から小学校、中学校、高校、そして大学まで、どのようなスタンスでわが子に英語を学ばせていけばいいのかを、その長期的なプランを、順を追ってじっくり説明していきたいと思います。

第3章

じっくりゆっくり&楽しく！
二十歳までの英語学習ロードマップ

小学校では楽しみながら英語に触れさせて、中学校、高校でしっかりやり、二十歳から20代半ばぐらいまでには、**ノンネイティブとして十分に英語が使いこなせる**ところを目指すために、私が考える最善の青写真――社会に出はじめるころには英語を操れる日本人に成長できるロードマップ――をご紹介したいと思います。

2010年ごろから英語を教える層は幅広くなってきているものの、私がいちばん長くそして数多く教えてきたのは高校生、予備校生、大学生、社会人であることは間違いありません。小学生や中学生に関しては、自分の家庭での経験や、顧問を務める学校での先生や生徒とのやりとりを通じて学んできました。

私の経験が比較的薄い、小学生段階、中学生段階、大学生段階の3つの成長段階では、それぞれのエキスパート3名の方のご意見にもしっかり耳を傾け（※編集部注　小学校、中学校、大学の英語教育のエキスパートの先生方との対談も収録しています）、私の独断にならないよう注意を払いました。

「英語は大切だ」と、日本ではもう30年はいわれ続けているでしょうか。しかし、30年前と比較して、平均的な日本人の英語のレベルがめざましくアップしたという実感はありません。

だいたい高校2年生くらいになると、入試問題の対策を始めるようになります。技術的な問題もあり、大学入試では、バランスの良い英語力を試す問題はあまり出題されていません。大学側はホームページなどで4技能（リーディング、リスニング、スピーキング、ライティング）をバランス良く学習することを高校生に求めていますが、その入学試験は、技術的な問題で、1～3技能にとどまっているわけです。いくら大学がバランスの良い学習を求めても、試験のプレッシャーが大きな日本では、どうしても試験に合わせて勉強してしまいます。

また、大学入試の個別の問題は、大学の英語科の先生によって作成されます。そして、大学の教育方針は多種多様で、難しい文法問題や翻訳の問題、日本語での説明問題、知能テストのような問題など、本来の英語力以外を試すような問題も多く出題されます。

人生でいちばん勉強するかもしれない、高2と高3の2年間にこのような大学入試に振り回されず、うまく乗り越えることが最大の難所となります。

まずは、「英語をモノにするために習得すべき英語の領域」について、お話ししたいと思います。

4技能
リーディング・リスニング・スピーキング・ライティング

英語をマスターするとは、どういうことなのか? そして英語をマスターするために何をやらなければならないか? ここからは、掘り下げてじっくり解説をしていきます。

例えば、税理士になるには、一般的には資格試験である税理士試験に合格し、2年以上の経験を積まなければなりません（※編集部注 例外もあります）。実施される試験の種類には、法人税法、消費税法、所得税法、簿記論……と複数の科目があります。それら複数の科目試験に合格して初めて、税理士の資格がもらえるわけです。

それと同様に英語では**「4技能」といわれるリーディング、リスニング、スピーキング、ライティングという4つの技能があります。**この4技能のスキルを伸ばすためのサブ技能として、グラマー、ボキャブラリーが位置づけられます（左ページの図参照）。自由自在

じっくりゆっくり&楽しく！
二十歳までの英語学習ロードマップ

英語4技能+2

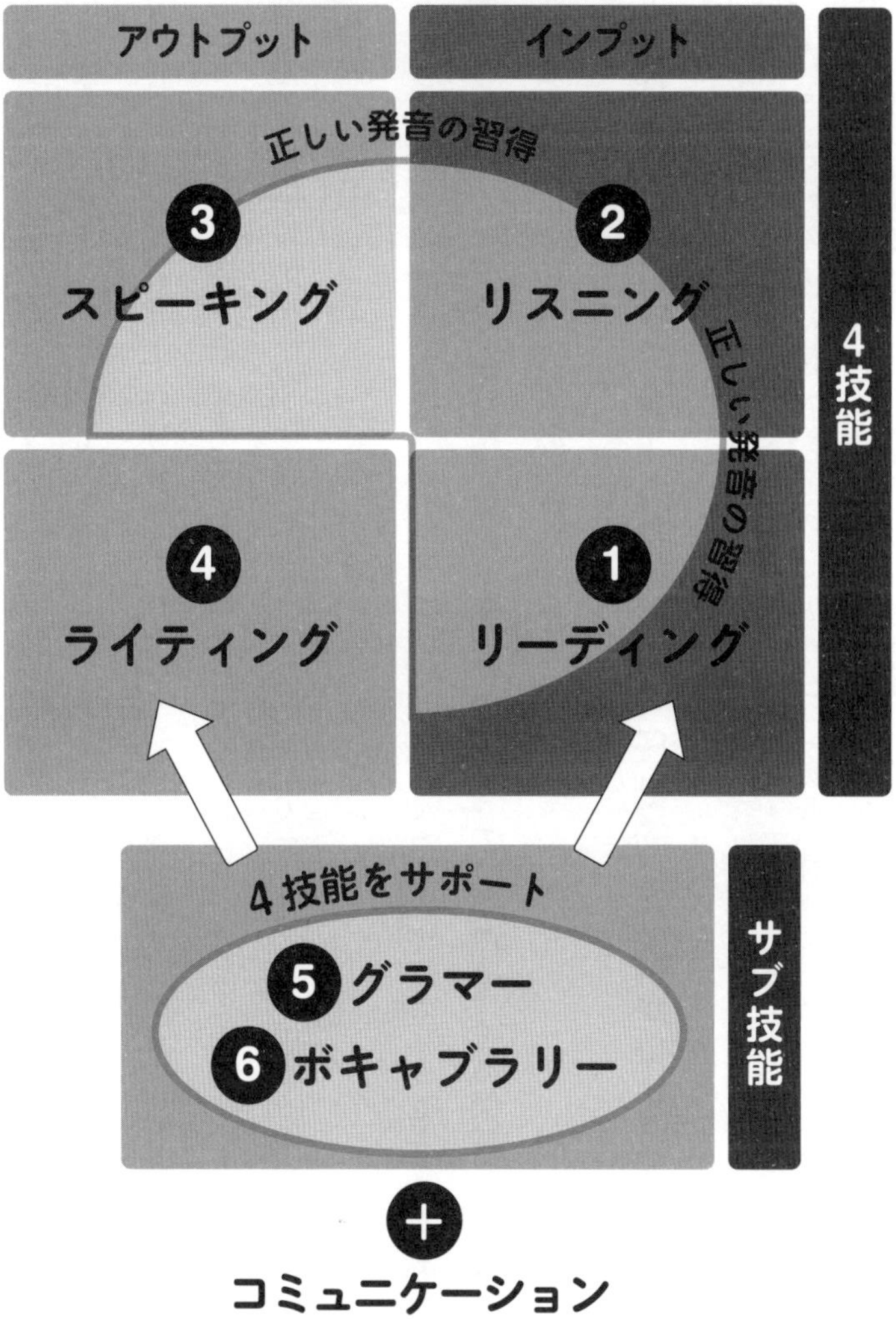

に英語を操れるようになるためには、この4技能をバランス良く習得し、さらに英語を使う経験を積んでいかなければなりません。どんな仕事でも、一人前になるためには技能を身に付けるだけではなく、経験を積んで技を磨く必要があります。英語も同じで人と対面でコミュニケーションをとる力や、面白いプレゼンをしたり、人と人を仲裁したりするような力は経験から学ぶものです。そのような発展した力を土台として支えるのがこの四つの技能なのです。

いずれにしろこの4技能（＋2つのサブ技能）は、それぞれが別個に存在しているわけではありません。**すべて相互関係にあり密接につながっているので、どの領域も関連させながら、同時に伸ばしていく必要があります。**

4技能は同時にマスターしたほうが、圧倒的に効率がいい

結論から言いましょう。

日本でごくスタンダードな暮らしを送りながら、英語に不自由しない二十代を迎えるには、**これらの技能をまんべんなく、バランス良く、同時進行で習得していくという方法を**

とります。税理士の試験なら「今年はこれに合格して、来年はあれとそれに合格して」という感じで勉強をしていくことも可能ですが、英語の場合は、別個にして、順番に1科目ずつマスターしていけばOK、とはいかないのです。

無理をすれば、英語も順番を決め1領域ずつ個別に学んでいくことは可能です。ただし、同時進行で全領域に取り組んだほうが、総合的な英語力の伸びが早くなるという特性をもっているのです。

ここまで読んで、「うわぁ、6種類も同時になんて絶対に無理！」と思った人も多いでしょう。でもよく考えてください。英語は「言葉」ですから、**聞く・読む・話す・書くという技能はすべてつながっている**と考えたほうが自然です。この6種類をよく見ると、「リーディング力を高めるにはグラマーの知識とボキャブラリーが必要」「リスニングができればスピーキングへのハードルが下がる」「スピーキングができればライティングもラクになる」「書けた英文は読むこともできる」など、それぞれが密接な関係にあります（84ページの図参照）。ですから、同時進行で全科目に取り組んだほうが、効率良く総合的な英語力を伸ばすことができるのです。

4技能は
相互に関連している

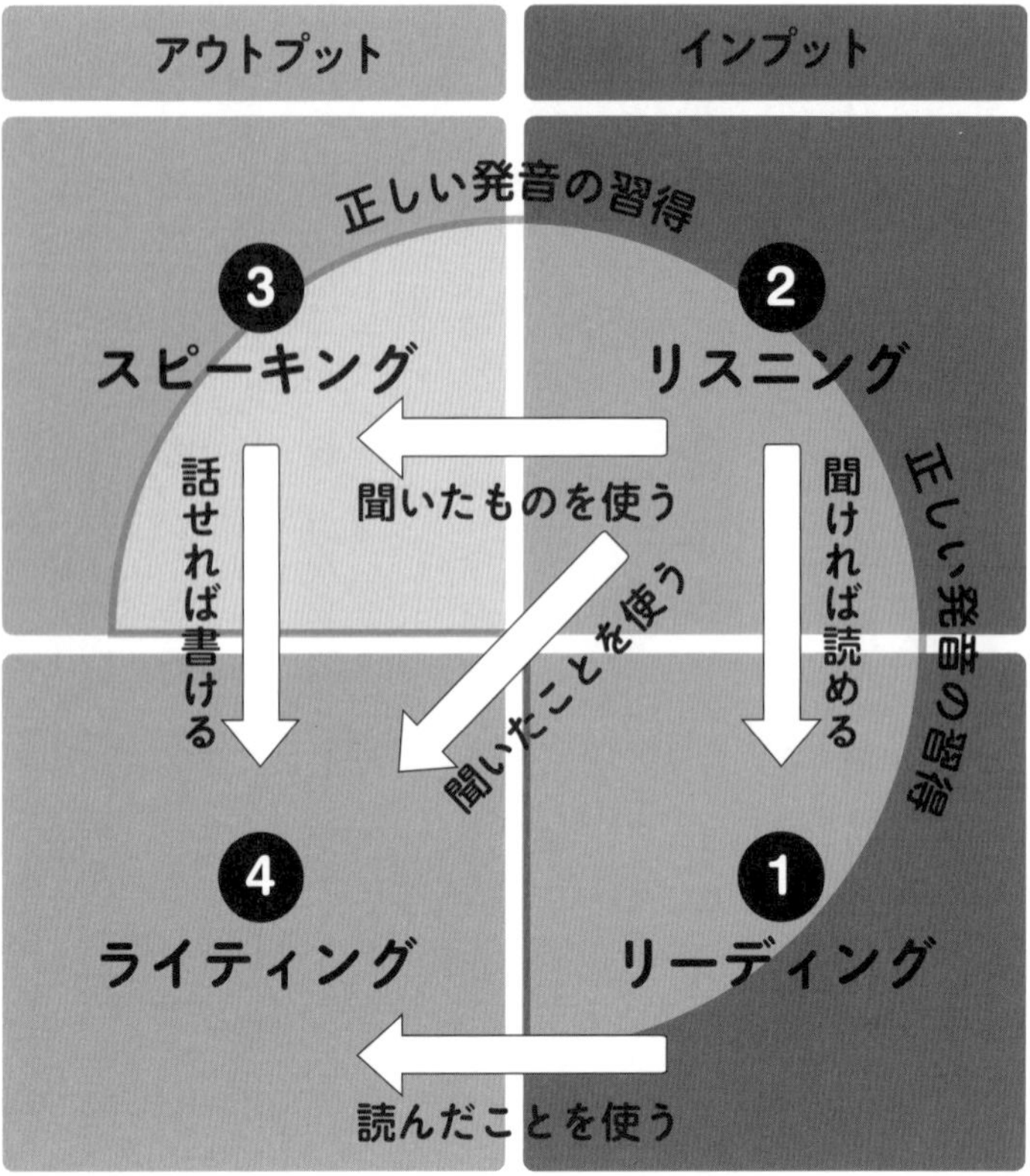

逆に個別にやると伸びが遅くなるので損をします。文法を先に全部固め、読解をやってから、リスニングに進むというような学習スタイルでは、なかなか先に進めないばかりか、それぞれの技能の伸びが遅くなったり偏った英語力になってしまったりするのです。

文法を学ぶときにも、例文を耳でリスニングし、口を動かし、自分の気持ちを書いてみたりすることが大切です。リーディングを学ぶときも、ネイティブの音をリスニングして速読練習をし、要約文を書いてみたり、そこで語彙力を高めたりすることが重要です。4+2の領域を混ぜれば混ぜるほど効率が良くなり、習得が早くなるわけです。

同時学習にはだかる大きな壁

ですが、**これまでの日本人の英語学習に関する考え方そのものが、同時学習を阻む大きな壁になっている**ともいえるでしょう。

日本の英語学習でよく聞かれるのが、「まずは読み書きをきっちりやってから」というセリフです。でもこの考え方が、そもそも失敗する大きな原因のひとつになっていると私は思っています。

この考え方で入ると、英語の非常に重要な要素である音声の学習が後回しになってしまいます。昭和時代ならまだしも、ＩＣＴ技術が発達した令和の時代に音の学習を後回しにするのは時代錯誤だと思います。

前述のとおり、４技能を混ぜて日々の学習を行っていくのが、総合的な英語力を高めるいちばんの近道なのです。

効率を考えた学習例をつぎのページに二つ挙げてみましょう。

どうでしょう。いずれもそれほど大変な学習法ではないですよね？

Aは４技能を、Bは２技能と正しい発音を同時に伸ばそうと試みています。

ここからは、各年代ですべきことを説明していきたいと思います。

A

リスニングしながら書きとったメモを読み、何が書かれていたかを英語で伝える。

❷リスニング
❹ライティング
❶リーディング
❸スピーキング

B

記事を一読してからお手本のネイティブの音声を聞き、リピートする。

❶リーディング
❷リスニング
正しい発音の習得

二十歳までの英語教育ロードマップ

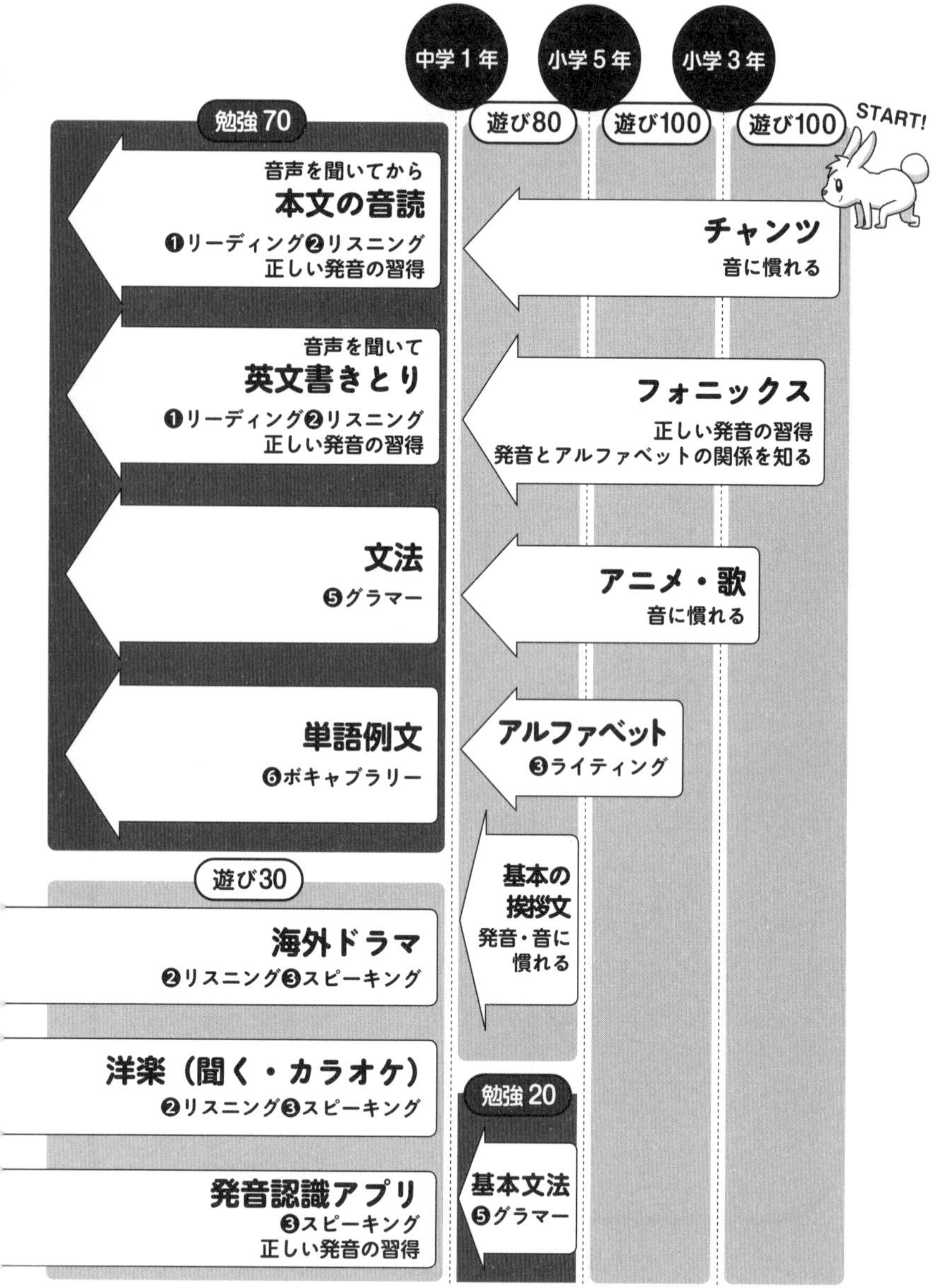

START!
小学３年
遊び100
小学５年
遊び100
中学１年
遊び80
チャンツ
音に慣れる
フォニックス
正しい発音の習得
発音とアルファベットの関係を知る
アニメ・歌
音に慣れる
アルファベット
❸ライティング
基本の挨拶文
発音・音に慣れる
勉強20
基本文法
❺グラマー
勉強70
音声を聞いてから
本文の音読
❶リーディング❷リスニング
正しい発音の習得
音声を聞いて
英文書きとり
❶リーディング❷リスニング
正しい発音の習得
文法
❺グラマー
単語例文
❻ボキャブラリー
遊び30
海外ドラマ
❷リスニング❸スピーキング
洋楽（聞く・カラオケ）
❷リスニング❸スピーキング
発音認識アプリ
❸スピーキング
正しい発音の習得

じっくりゆっくり&楽しく！
二十歳までの英語学習ロードマップ

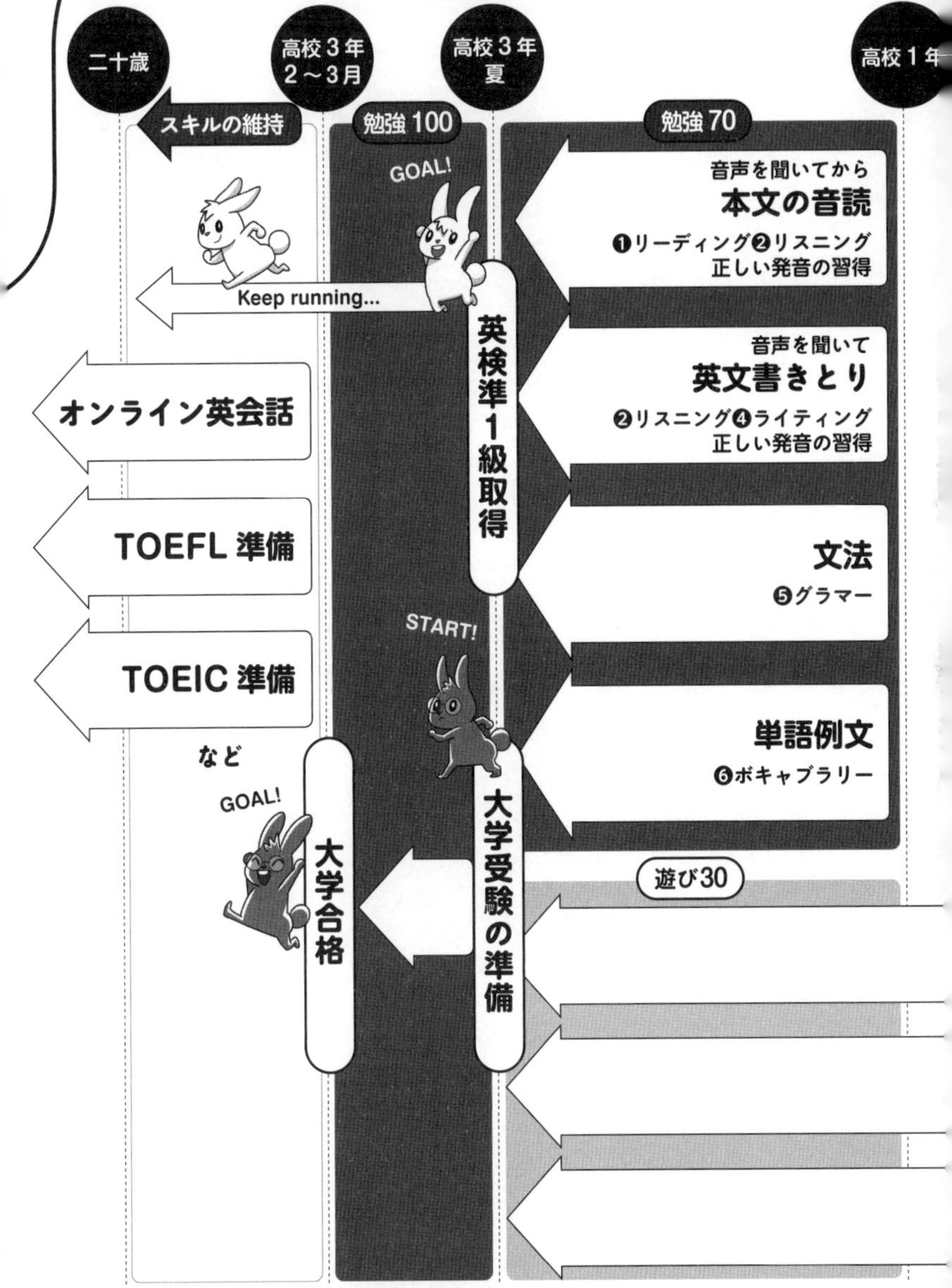

88ページに示した「二十歳までの英語教育ロードマップ」は、各年代ですることについて、「遊び」としての英語と「勉強」としての英語の比重で表しつつ、いつ、何をしたらいいのかをまとめたものです。

なお、ロードマップの中に描かれている「白いうさぎ」と「黒いうさぎ」については、第3章で詳しく説明しています。

就学前～小学6年生

ムリなく英語の音になじませるのが大正解

何度も強調しますが、英語という科目は、どんな教材をやるかよりも、好きになるか嫌いになるかが、いちばん重要です。早い時期にむりやり受験勉強のように英語学習を強要することはやめましょう。本人が楽しいと思える英語学習をプロデュースしてください。

ここで嫌いになってしまうと、リカバリーは大変です。

88ページの「ロードマップ」で示しているように、わが子が中学生になるまでは「遊び」としての英語を重視してください。「楽しませながら英語の音になじませる」ことを心がけましょう。そして**嫌いにならないよう、細心の注意を払ってください。**

就学前～小学4年生までは「チャンツ」と「歌」をYouTubeで！

この年代はとにかく、**子どもが遊び感覚で英語の音に触れられるものをチョイスしまし**

ょう。それには勉強っぽい教材ではなく、「チャンツ」や歌を聞かせるのが良いでしょう。

もちろん信頼できる有料のものを使ってもいいですが、無料でもYouTube上に、優れたコンテンツがたくさんあるので、利用するといいと思います。検索上位にきたものは優良なものが多いので、気になるものからチェックしてみてください。

「チャンツ」は、英語の文をリズムにのせて歌ったもの。〝ラップの幼児版みたいなもの（キッズ向けですから、もちろん過激さはゼロです）〟とでも考えていただければいいでしょうか。日常でよく使われる初歩の英語を調子良くリズムに合わせて、楽しく口に出していく感じです。知っている単語が出てくる箇所や、聞きとれる箇所だけでも一緒に歌ったり声に出して言ったり歌ったりしながら繰り返し聞くことで、英語の音と単語が身に付いていきます。

YouTubeでは**「チャンツ」「チャンツ　幼児」「English chants for kids」**などといったワードで検索してみましょう。たくさんのコンテンツがヒットします。最初は、apple, bear, cow, dog……と単純な単語がアルファベット順に並んだものや、Sunday, Monday, Tuesday……と日常でよく使われる規則性のある初歩の英語をリズムにのせたものなどが自然に楽しめると思います。英語が苦手な親御さんでも思わず動画に合わせて歌いたくなるものが多いので、子どもと一緒に発音の勉強ができます。子どものお気に入りが見つかったら何度も繰り返すと良いでしょう。

歌は童謡や子ども向けに作られた曲が、すんなり入っていけていいと思います。YouTubeでは「英語の歌　幼児向け」「英語童謡」「kids song」「children music」などといったワードで検索してみましょう。再生回数100万回をゆうに超えた（中には6億回以上というものも！）コンテンツがかなり多くヒットします。最初から一緒に口ずさめなくてもＯＫ！　聞くだけでも英語の音に慣れるので十分です。

ちなみに、『ステイ』などのヒットで知られるシンガー・ソングライターのリサ・ローブは、ママになってから、英語圏ではおなじみのキッズ向けの歌を独自にアレンジしたものをYouTubeで発表しています。「Lisa Loeb nursery」で検索すると、彼女の公式チャンネル内にある「Nursery Rhyme Parade」というカテゴリーで30曲ほど視聴できます（※編集部注　2021年3月時）。かつてリサ・ローブをよく聞いていた、という方はぜひチェックしてみてください。

もしお気に入りのアーティストがキッズ向けのナンバーを歌っている動画を発見したら、自ら進んで動画に合わせて口ずさんでみましょう。楽しそうなパパ、ママを見た子どもが興味をもつ可能性は十分にあります。

音に慣れてきたら「フォニックス」も加えてみよう

チャンツや歌である程度英語の音に慣れてきたら、「フォニックス」も取り入れることをおすすめします。フォニックスとは、**発音とアルファベットの関係性やルールを学ぶ音声学習法**で、もともとは英語圏の子どもたちに読み書きを教えるために開発されたものです。最近では日本でも、幼児向けの英語教育の一環としてフォニックスを学ぶことがかなり浸透しています。ちなみに、本書の対談でご登場いただいている松香洋子先生（106ページ〜）は、日本に初めてフォニックスを本格的に導入した第一人者です。

YouTubeで「フォニックス」で検索すれば、これまた再生回数100万回以上のコンテンツがたくさんヒットします。

動画を見て、「チャンツ」とどう違うの？と思う方もいらっしゃると思います。その違いは、「アルファベットと単語を関連づけるか否か」という点といえるでしょう。「チャンツ」は、英語の「音」だけを楽しめばいいのですが、「フォニックス」は、アルファベットがフィーチャーされてからそのアルファベットで始まる単語が紹介される、という流れになっています。つまり、正しい発音を身に付けながら、頭の中ではアルファベットと単語が結び付いていくのです。

物語で楽しませるなら、やっぱり「ディズニー」！

英語に興味をもたせるには、ディズニー関連のコンテンツも役立ちます。子どもは大好きですからね。でも、「英語で遊ぶ」時期ですので、「教材」としてではなく、映画を見せてあげたり、歌を聞かせてあげたりするといいでしょう。数々のアニメ映画の名作に登場するおなじみのナンバーの歌詞も、汎用性の高い語彙を用いて、友情や愛、夢を信じる気持ちなど、素晴らしいメッセージが込められているので、情操教育という観点からもふさわしい内容です。

複数の動画配信サービスで映画を楽しむことができます。例えばディズニー公式の『ディズニープラス』は、月額770円（税込）の利用料金（2021年3月時）で新作や有名作品まで多く楽しめます。作品によっては、リモコンで音声、字幕ともに日本語と英語の切り替えができるので、日本語でひと通り見終わったら、「英語でも観てみようか？」とさり気なく誘導してみましょう。もちろんセリフが全部理解できるはずはありません。一つでも二つでも知っている単語が見つかればそれが楽しみに変わるかもしれません。チャンツやフォニックスで英語の音に慣れていれば、英語の音にさほど抵抗ないのではないでしょうか。アルファベットがわかるようになっていれば、字幕を英語にしてみるのもアリかもしれません。もちろん読めなくても構いません。知っている単語を見つけるゲームの感覚です。

長編を全部見せる必要もありません。部分的に楽しんで、知っている音探し、文字探しをする程度にしてもＯＫです。

5、6年生から「書くこと」にアプローチ

序章で、5、6年生から英語が「教科」になるというお話をしました。ですから、完全に「遊

び」一辺倒というわけにはいかないでしょう。成績も付くので、親としても「英語は楽しむだけでいい」とは思えなくなるのも無理はありません。

小学4年生までは、YouTubeなどの動画を活用し、「目で見る、耳で聞く」ことによって英語の音になじませることを重要視してきました。これがある程度うまくいくと、このつぎに子どもたちに何が起こるのかというと、**「アルファベットを書けるようになりたい！」「単語のつづりを覚えて書けるようになりたい！」という欲求が芽生えてきます。**「音が先行して、文字があとから追いかける」という流れです。

小学校の教科書に沿った授業だけではもの足りず、もっともっととやらせたくなる親御さんもいるでしょう。子どもが「やりたい！」というのであれば、優良な教材を見つけて学習させてもいいと思います。ただ、この時期には文法や単語の暗記などをやらせすぎないほうがいいでしょう。NHKの教材など、音の素材が豊富なバランスのとれたものを使うことをおすすめします。

自宅で英語の話をまったくしなくなったり、それまで楽しんでいた動画に見向きもしなくなったり、英単語を口にしなくなったら要注意です。第1章でお話ししましたが、小学校の英語の先生の授業でいやな思いをして、英語に対する肯定感をなくしかけているのかもしれません。子どもが英語への興味を失っているかもしれないと感じたら、「学校ではどんな英語の授業をやっているの？」などとさりげなく聞いてみましょう。

小学校では詰め込みよりも慣れを重視

親としては、英語に触れさせている以上、より早いうちに単語やフレーズもたくさん覚えてもらいたい、という欲が出てきてしまうかもしれません。その〝下心〟のせいで知識を詰め込むことばかりに走らないように気を付けましょう。一時的に**詰め込んでもそれをずっと保持するのは至難の業です。「不自然に詰め込んだものは忘れる」**からです。

日本にいてふつうに暮らしている環境では、小学生までは「英語の音に慣れる、アルファベットや基本的な単語が書けるようになる」など、英語に親しむ助走期間ととらえておきましょう。

それでも「英語やりたい！　早くしゃべれるようになりたい！」と、子ども自身が並々ならぬ熱意を示すケースがまれにあります。このように、幼少期からやる気満々で、英語をどんどんやっていきたいという子どもなら、プラスαの教材を買い与えるなどして、英語に取り組む時間をどっさりとってもいいと思います。ただ、子どもがいやになってやる気を失ったら、ペースを落とすなど、慎重に進めてください。

小学生まではモチベーションを植え付ける時期です。例えば、小5で"How are you? I'm fine."と言えるのは、会話ができているというよりは、**丸暗記したものをそのまま口に出して言っているだけです。**もちろんそんなふうにコミュニケーションの体験をするのは素晴らしいことですが、大切なのは音に習熟できているかどうか、抵抗なく英語を楽しんでいるかです。その点をつねに重視してください。

いちばん大きな差が付くのは中学・高校の時期です。小学校時代に周囲と差を付けよう、**スタートダッシュで飛びだそうと欲をかきすぎて英語嫌いにしないこと**が大切です。

文法は、小6から「ちょい前倒し」で軽く！

文法については、まだ用語で教える必要はありません。体験的に、「動詞」の使い方や単語の並べ方がわかるようになっていればいいでしょう。このとき、「be動詞」や「平叙文・

疑問文」といった言葉を使うと、いきなり〝お勉強感〟が強くなります。「isやareはイコールのようにつなぐ働きをするんだよ」とざっくり教える程度にとどめましょう。
もしわが子に余力がありそうなら、小6からは「ちょっとだけ前倒しする」というのもアリです。その場合も、中1の1~2学期程度までの内容です。

中学生になると、どんどん英語の授業は進んでいきます。be動詞に加えて、一般動詞の平叙文、否定文、疑問文くらいは、用語を使わずに、大雑把にできるようにしておく。このくらいが「少しだけ前倒し」の姿勢です。ここでいう「少し」は、半年ほど。つまり、小6の秋ごろからこのあたりの文法に、体験的に触れておく程度です。例えば「studyやtryなどyで終わる動詞を三人称単数にするときはyをiに変えてesを付ける」などの例外まで、この時期に細かく教える必要はありません。もっと基本的な、単語の並べ方程度のことで十分です。

文法用語は知らなくてもOK、最低限の仕組みだけ知っておこうね、ということです。
私の著書にも『小学英語スーパードリル』シリーズ（Jリサーチ出版）があります。シリーズは全3巻ですが、この前倒し&先取りにピッタリだと思っています。このシリーズ

じっくりゆっくり＆楽しく！
二十歳までの英語学習ロードマップ

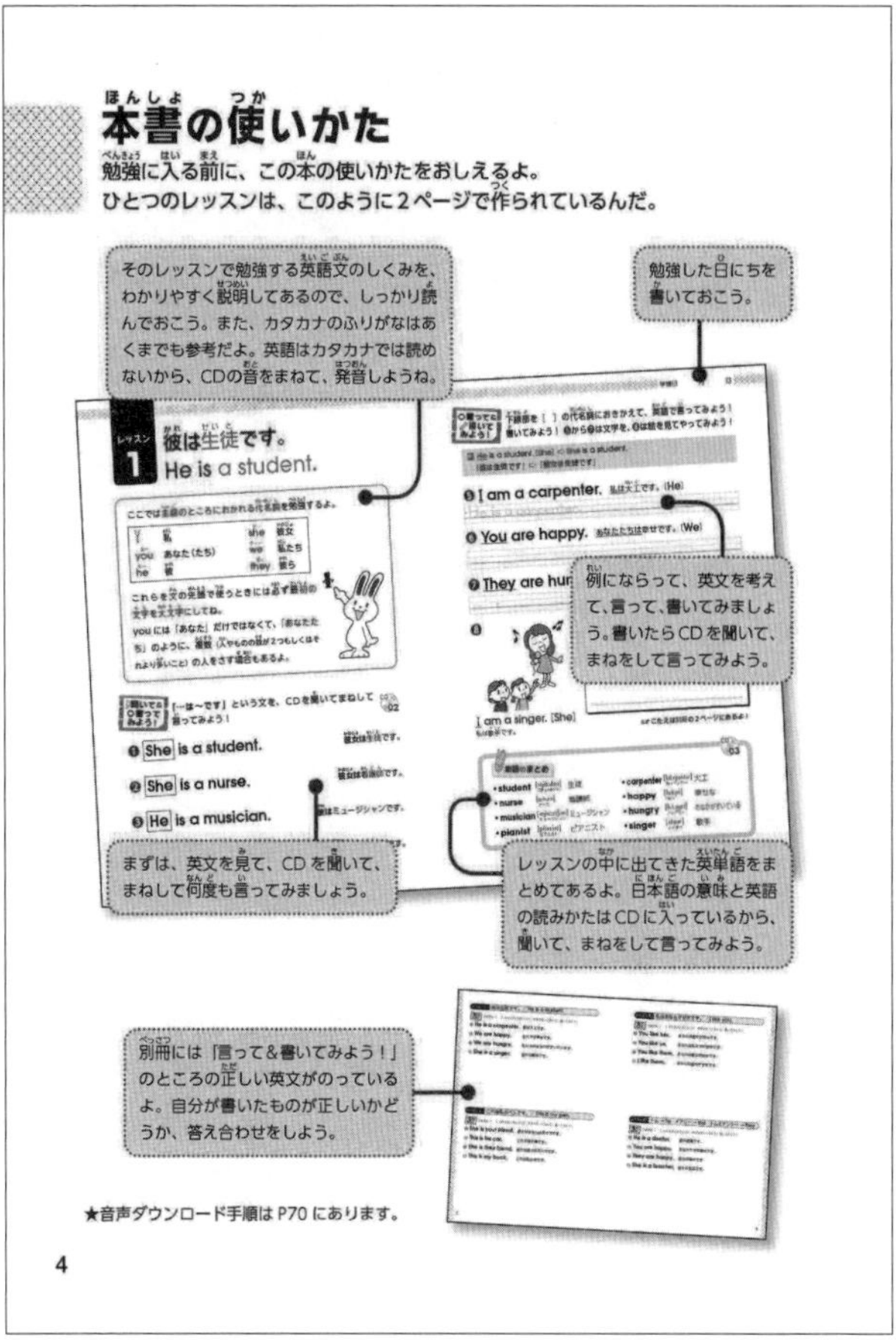

本書《ほんしょ》の使《つか》いかた

勉強《べんきょう》に入《はい》る前《まえ》に、この本《ほん》の使いかたをおしえるよ。
ひとつのレッスンは、このように2ページで作《つく》られているんだ。

そのレッスンで勉強する英語文《えいごぶん》のしくみを、わかりやすく説明《せつめい》してあるので、しっかり読《よ》んでおこう。また、カタカナのふりがなはあくまでも参考だよ。英語はカタカナでは読めないから、CDの音《おと》をまねて、発音《はつおん》しようね。

勉強した日《ひ》にちを書《か》いておこう。

レッスン 1 彼は生徒です。 He is a student.

I am a carpenter.
You are happy.
They are hur

例《れい》にならって、英文を考えて、言って、書いてみましょう。書いたらCDを聞いて、まねをして言ってみよう。

I am a singer. [She]

She is a student.
She is a nurse.
He is a musician.

まずは、英文を見《み》て、CDを聞《き》いて、まねして何度《なんど》も言《い》ってみましょう。

レッスンの中《なか》に出てきた英単語《えいたんご》をまとめてあるよ。日本語《にほんご》の意味《いみ》と英語の読みかたはCDに入《はい》っているから、聞《き》いて、まねをして言ってみよう。

別冊《べっさつ》には「言って＆書いてみよう！」のところの正《ただ》しい英文がのっているよ。自分が書いたものが正しいかどうか、答え合わせをしよう。

★音声ダウンロード手順はP70にあります。

4

『小学英語スーパードリル③』より。
英語文の基本的な仕組みから音読練習まで、
英語の初歩を楽しく学べるようになっている

では、動詞は現在形だけで、過去形はまったく取り上げていません。フレーズは、おはよう、こんにちはといった簡単な挨拶が中心です。欲張って難しいことを取り上げていないぶん、「無理強い」や「詰め込み」感はあまりないと思っています。見やすくて楽しいビジュアルにもこだわったので、小学生がストレスフリーでやり続けられるはずです。もちろん、このシリーズも無理強いすることはやめてくださいね。完璧にやる必要もありません。あくまでも、少し先取りして軽く触れるためのものです。

ドリルも「音声付き」が基本！

ドリルも必ず音声付きのものを選んでください（拙著『小学英語スーパードリル』シリーズも全巻CD付きです）。英語の教材は、基本的に**音声が付いていないものは使わない**ようにしてください。教材を購入する際に、音声が付いていない時点で自動的に候補から外すようにするといいでしょう。

仮に過去の名著と呼ばれたもので、読者の皆さんが子どものときに使っていた愛着のある一冊でも、音が付いていなければやはり使用はNGです。かつては音声付きの教材が今ほど浸透していませんでした。どんなに内容が良くても、今は音声がなければ使用しないのが得策です。

ドリルは子どもがいやがる場合は、必ずしもやる必要はありません。前述したように、本人がやりたがるようであれば買い与えてみる、というスタンスでOKです。書いた答えが間違っていたとしても、ネガティブな反応をしないこと。先取りでやっているわけですし、学校のテストでもないのです。できなくたって痛くもかゆくもありません。親としてはこのくらいのスタンスでどっしりと構えてください。

これくらいの先取りをしておくと、中学に入ってからは、英語のクラスで上位になりやすくなります。そこそこの成績を取れると、「自分は英語が割とできるし、なんか好き」「ほかの人よりも自分はちょっとできるな、得意だな」と、英語嫌いにならず、自己肯定感を保てる好材料がひとつ増えるのです。この気持ちを二十歳までキープさせることが大事なのです。

企業研修で大勢の社会人に英語学習の話をする機会も多いのですが、「子どものころからずっと英語嫌いで、苦手で……」という人がなんと多いことかと感じます。

どうして嫌いになったのかを尋ねてみると、「問題ばかり解かされていやになったから」「発音に劣等感をもったから」「家でたくさん勉強させられて……」「親がスパルタだったから」などといったトラウマベースの理由が多いです。結果、英語コンプレックスを抱えたまま社会人になってしまった人が、昇進の条件を満たすために会社が定めたTOEICテストのスコアを突破せねばと、また英語でツラい目に遭っているわけです。こういった人々を目の当たりにすると、子どものころに英語嫌いにならないことは、本当に大事だなとつくづく痛感させられます。

どうしても成果を知りたい場合は、英検Jr.を!

というわけで、子どもが小学校のうちは、英語嫌いにならないようにすることが大命題ですから、試験の結果に一喜一憂したり、英検をむりやり受けさせたりというのは良くありません。ただ、やはりわが子がどこまで英語をモノにしたのか、その成果を知りたいという人もいるでしょう。

中学に上がる前に子どもの英語力を確認してみたいという場合は、英検Jr.(以前の名称は「児童英検」)にトライさせてみましょう。級の代わりに難易度の優しい順から、ブロンズ、シルバー、ゴールドと名付けられた3種類のテストがあります。**すべてリスニングのテスト**で、いちばん易しいブロンズは文字が一切出てこないので、アルファベットが読めなくても受験可能です。点数は出ず、80%以上正解すると、つぎのレベルのテストが受けられるという仕組みになっています。

英検Jr.に挑戦するのは、高得点を取るとか合格するとかいう理由からではなく、**英語を使って得られる達成感を子どもに味わってもらうためです。**だから、受験の模試のように数か月の短いサイクルで受ける必要はありません。1年に1回でもいいですし、試験対策の学習はまだしなくてOKです。

小学生のうちに一般の英検をどうしても受けさせてみたいのであれば、難易度がもっとも低い5級に、小6で挑戦させてみてもいいとは思います。試験のための勉強は、受ける前に1、2回ほど過去問を見て、ちょっと解いてみる程度で十分でしょう。ただ、小学校で**5級に受かったからといって役立つわけではない**ので、子どもがいやがるようであれば受けさせなくていいと、個人的には思います。

エキスパートとの
特別対談
1

小学生までの英語編
松香洋子先生

松香洋子先生

mpi松香フォニックス名誉会長。日本に初めてフォニックス学習を導入し、1979年に松香フォニックス研究所を設立。読み書き指導中心の日本の英語教育に疑問をもち、40年にわたり「英語でコミュニケーションができ、国際的なマナーを身に付けた子ども」を育てる児童英語教育の普及に貢献。延べ2000件を超える全国の小学校、自治体、英語教育機関で講演・顧問・研修活動を行う

安河内　私は高校生を専門に英語を教えてきたため、小学生の英語教育については、より詳しく松香先生にお話を伺いたいと思いました。日本の小学校では3年生から英語教育が始まり、5年生からは教科ともなり、小学校での英語の時間数も増えています。まず小3までにやっておくことはありますか?

松香　子どもが生まれてから、**初めて英語を習わせるのにおすすめの時期は2~4歳ごろ**です。子どもの耳がいちばんいい時期なので、なんでも口真似ができます。ただの口真似で意味などまったく考えないので、どんな言語でもできてしまう。親が音楽を聞かせたり、

映像を見せたりして英語の音に触れさせると、子どもが耳で覚えてしまうのです。これを目の当たりにした親は、「うちの子、天才なんじゃ？」と大喜びするのですが、5歳くらい（幼稚園の年長くらい）になると生意気になって、「ここは日本だ。英語なんてしゃべっちゃいけない」なんて言いはじめたりするんですよ。

小学5、6年生になると〝恥ずかしい〟が先に立ちはじめる

松香　小学校に上がると、1年生は下っ端ですからまた素直になり、さらに2年になると物事をしっかりとらえて話ができるようになります。このあたりまでが〝素直なお年ごろ〟なので、ほんの少しでも英語の音に慣れさせておくといいと思います。3、4年生は「ギャングエイジ」と呼ばれ、他者と積極的に関わっていくようになりますが、5、6年生になると「間違えたくない、目立ちたくない、言いたくない、冒険したくない」と、いわば〝恥をかきたくない〟という気持ちが先に立つようになります。

安河内　典型的な日本人ができあがってしまう、と？

松香　そう（笑）。だから〝イヤイヤ期〟に入りかけている小学5、6年からよりも、まだ

積極性のある3、4年から学校の授業に英語が組み込まれるのは有効ですが、本当は1、2年生から少しでも英語に触れたほうがいいのでしょうね。

子どもは、**まず体が動いて、それから心が動いて、そのあとに頭が動く**、という順番で物事を学んでいきます。英語の音楽を聞いて体が反応して声も出る。大人になるにつれて理解しないと口に出せなくなります。赤ちゃんを見るとよくわかるのですが、音楽が鳴ると自然に体が揺れます。あれが言語習得なんですね。**先にリズムをとらえるので、**周りにはふにゃふにゃと何を言っているかわからないけれど、終わりは不思議なことにぴたっと合ってしまうんです。つまり、まず体が動いて「あ、面白い」と思ったら心が動く、さらに心が動いてから理解する。この順番を理解することが大切です。このことに加えて、**子どもの可能性は無限大だと信じることも**、ぜひ親が心得ておいてほしいポイントですね。

安河内　特に音を学ぶ能力は小2までが非常に高い。だから、**小2、もしくは小学校中学年ぐらいまでは英語も音を重視するべき**だと?

松香　そうです。

安河内　ネット動画などの英語の音声、映像素材をうまく利用して、音をたくさん聞かせる、**「意味よりも音」を重視し、音で遊ぶ感覚で英語に触れさせる、**ということでしょうか？

松香　そのとおりです。

安河内　ところが現実には、教育熱心な家庭ほど幼稚園、小学校低学年からアルファベットを子どもに必死に書かせて覚えさせ、単語のスペリングまで叩き込もうとする。けれどもこの時期は、とにかく英語を聞かせて口真似させ、英語の音を覚えさせることが重要なんですね？

松香　そうです。リズムが鳴ったり、一緒に踊って体を動かしたりしてみるなど、**親がやってみせるのも大事です。**また、子どもの発音を直す親もいるんですけど良くないですね。**子どもはふわふわと全体をとらえる**から聞きとりもできるようになるのです。歌なら全体、少なくともワンセンテンスごとに入っていく。だから親が、「今この単語なんだった？」と聞いたり、発音を直したりする必要はない。むしろやってはいけないことです。

安河内　子どもからしたら、楽しくやっているのに水を差された気がすると。

松香　そうです。

安河内　幼少期にアルファベットと単語の書きとりにフォーカスすると、最初につまずいてしまう。それよりも、とにかくたくさん英語を聞かせて音に慣れさせていく。しかも、発音の間違いを指摘して強制したり、単語の意味を聞いたりしないことが大切なんですね。

松香　そう。徹底できれば、英語教育の最初のボタンの掛け違えが防げますね。

安河内　小3から実際に英語の授業が外国語活動として始まり、5年生からは教科にされました。親はどんな心構えをしておけばいいでしょうか?

日本の音楽教育はうまくいっているのに……

松香　よく音楽教育と英語教育を比較してお話ししています。**日本の音楽教育は非常にうまくいっていますね。**就学前から個人でピアノを習っていて、小学生でショパンだベートーベンだとバリバリ弾きこなす子などもたくさんいます。それでも学校に行くと、みんなで合唱したり、リコーダーを吹いたりといった簡単なこともやります。個人で突き詰めてやることと、学校の授業でみんなで楽しくやることが別個のものとしてきちんと区別され、うまく共存しているから音楽が嫌いという子どもはあまり多くないと思うのです。それに比べて英語は、全然好きではないという子もかなり出てきてしまう。小学校では「みんなで楽しく」が基本なのに、英語教育については、これがどこかうまく機能していないのかもしれません。特に3、4年では、**英語そのものを教えるというよりは、音楽のようにみんなで仲良くやろうね**ということを前提に授業が進められていると、親が理解することが大切です。英語力がどうであれ、学校でやっている英語について親が批判するのは、子どもにとってマイナスです。どうしていいかわからなくなってしまいますから。

安河内　学校でやっていることへの批判は、親の態度としてNGなのですね。**小学校に英語が導入されたことで、世の中全体に過剰な期待がある気がする**のです。「小3からやるのだからうちの子も小6あたりで英語がぽちぽち話せるようになる」と、親が思っているふしがある。この親の過剰な期待が、学校に対する批判や、子どもに対する「英語をもっと勉強しなさい！」というプレッシャーにつながって、英語嫌いの子を量産する原因になっているのではないでしょうか。小学校の4年間だけでペラペラになるなんて無理ですよね？

松香　**あり得ません**ね。親のどちらかが外国籍、あるいは帰国子女、幼稚園・小学校とインターナショナルスクールに通わせてといった特殊なケースであれば小6でペラペラということもあり得ます。けれども小学校4年間の授業だけでは不可能ですね。3、4年生では年間30回程度しかやらない。仲良く楽しく"Hello, how are you?"とやるだけ。そこから先へポンと急激に進むなんて、並大抵のことではできません。

5、6年生で英語をやるのは、**中学校への円滑な接続**という意味合いでしょう。中学生になって英語の授業が本格的に始まったときに、とり残される生徒が出てこないようにするのが趣旨。教科書を開けたら何となく読める、書き写せるくらいのことをやって、誰ひとりとしてとり残されないようにするのが公立小学校の存在価値です。**英語がペラペラ話せるのとは別物**です。

世界的に見て、日本は小学生英語の導入が遅かった

松香　そもそも**小学校英語を世界的に見ると、二度と戦争をしないというユネスコの理念で戦後から始まったもの**です。「世界中の人々と仲良くやろうね。それには、いちばん通じやすい言葉である英語に触れておくのはいいよね」という、国際理解や寛容の精神から始まっているのです。義務教育としては外せない理念です。

じっくりゆっくり&楽しく!
二十歳までの英語学習ロードマップ

特別対談:×松香洋子先生

安河内 第二次世界大戦後、教育、文化、科学の推進を目的とした国連機関であるユネスコが、英語教育の推進を世界的に行ったわけですね。英語教育というより外国語教育を通じた国際理解のために。そして英語の国際共用語としての地位が高まり、導入する外国語として英語を選択する国が増えた、と。日本以外の国ではもっと早く浸透していたのでしょうか?

松香 韓国は1997年から小学校英語が本格導入され、小学3年から必修教科として週2時間、英語が教えられるようになりました。中国でも2001年から小学校での英語教育の義務化が段階的に導入されました。

安河内 正式には2011年から始まった日本は遅いほうですね。

松香 はい。実際に英語を私たちが使うとき、**英語ネイティブとよりも、私たちと同じように外国語として学んでいるノンネイティブ同士と話すほうが圧倒的に多い**ですからね。

安河内 今、英語を学んでいる子どもたちが**将来ビジネスをする相手は、英語のネイティブスピーカーよりノンネイティブスピーカーの可能性のほうが高い**ですものね。同じように外国語として学校で学んだ同士が使う英語ですから、お互いが理解しやすいよう語彙や表現レベルがより平易で、ゆっくりはっきり話されるノンネイティブの英語が存在することも、親は理解しておくといいですね。

松香　そう思います。とにかく自分の言いたいことが伝えられ、自己アピールができることを優先させる、相手の意見も受け止め妥協点を見つけてうまくやっていくといった**コミュニケーションツールとして、英語をどんなシーンでも臆せず使いこなせるような度胸を付ける**ことが何よりも大切です。小学校英語が導入されたことで、ＡＬＴ（外国語指導助手）などの外国人が日常的にやってくる環境になったわけですから、小学校は外国語で話しかける勇気や度胸、自信を育める場になってきているともいえるでしょう。「小学校からやって慣れているし、外国人が話しかけてきても平気だよ」と、子どもが思えるようになるのが理想ですね。

安河内　コミュニケーション能力は実際に言葉を使ってやりとりする中でのみ徐々に身に付いていくものですものね。アルファベットが書ける、単語をいくつ知っている、挨拶のフレーズをいくつ言えるかといったテストの点数や成績に直結するような表層しか見ていないと、小学校の英語教育でもっとも大事な点を見失ってしまいますよね。

松香　そうですね。英会話を習っていて、英語の発表会などもする子どもたちにはこう話しているんです。「なんで英語を習っているのかな？　それは将来、英語を使える人になるためだよね。ただね、英語だけじゃなくてほかに何か得意なこと、『これならできる！』というものもひとつつくっておいてね。スポーツ、音楽、折り紙、料理とか好きなことがあったら、それを英語で説明したくなるでしょ」と。好きなものがない子の場合は、とにかく愛想を良くすること。誰とでも友達になる！　安河内タイプですね（笑）。

安河内　確かに私は、そうやって世の中を渡ってきました（笑）。……芸も愛想もなかったら？

松香　最終的に大切なことは「これが好き、嫌い」「こう思う、ああ思う」と、**自分の意見をもってしっかり伝えていけるようになる**ことかな。日本だとまだバッシングを受けるタイプかもしれませんが、国際社会では通用するのではないでしょうか。**このような大切な要素をどれかひとつでも手に入れないと英語を勉強しても使う日がやってこない**ので、学ぶ意味がなくなってしまいます。

安河内　小学生のうちから社交性を身に付け、好きなことや得意な分野を見つけて伸ばしていくなど、英語以外にも広く目を向けていかなければなりませんね。

松香 そうですね。日本のことを褒められたり興味をもって尋ねられたりしたときにさっと反応して話が展開できないのは、世界の人と仲良くやっていくための貴重な機会を逃しているようなもの。格好の話のネタがあっても口がついていかない。そこで英語力が必要となってくるのです。ただしそれは、小学校のときに英単語を3000個覚えなくちゃ、という話にはならないのです。そんなのは中学と高校で一気にやればできるわけですから。

安河内 英語以前に、まず日本語で自分の意見が言え、物事を順序立てて説明できるようになりたいですね。第一歩としては**家庭でたくさん会話をする**ことでしょう。学校での出来事、友達と話したこと、面白かったテレビの話……忙しくても、意識してそういった話ができるような環境を整えていくことが大切だと思います。

音に慣れるのに効果的な「フォニックス」とは?

安河内 ではそろそろ、小学校でいちばんやっておくべきだという英語の音声をたくさん耳に入れる、その実践の仕方を具体的に伺っていきたいと思います。特に小学3、4年あたりまでは、monkeyやbananaといった英語を聞くと、聞こえる通りに英語らしい発音ですぐ口真似ができる。でもそれらを文字にはできない子どもも少なくないと思うんですね。一方、小学校で日本語をアルファベット表記する「ローマ字」を習います。英語の音を推測するのに多少は役に立つのでしょうが、**正しい英語の音をつかむための大きな弊害になる側面がある**ことも確かです。つまり小学3年生から英語を学ぶ過程で、英語のスペリングが書けないこととローマ字の習得が同時に起こり、混乱と停滞を招く可能性があるのです。ローマ字読みをマスターしたことで、ローマ字読みの間違った発音で英語を覚え続けてリスニングができなくなる、という現象が生じるということです。だから私は、まず**ローマ字は英語ではないと理解したうえで付き合う**ことと、**小学校のどこかの時点でフォニックスを習うことを徹底すべき**だと思っているのです。フォニックスを習うのは小5がいいのか、または中1でもいいのか。日本でフォニックスの第一人者である松香先生に、適切な導入時期を教えていただきたいです。

松香　ローマ字は今、小学校3年生で学習します。英語の授業も始まり時間割が立て込んでいますから、軽く1か月、ちょろちょろ程度にしかやらない学校が多いですね。でも、ローマ字は駅名、地名、人名など日本語を表記するためのものですから、これを**英語と混同すること自体が間違い**です。

まず、**フォニックスをやるためには、英語の音声がたくさんインプットされていることが大事**です。音を聞かずに文字だけ見てローマ字で読むのは、江戸時代的な勉強。音声が身近になかったときの勉強法です。

安河内　なるほど、フォニックスを学ぶ前は、英語の音声を大量にインプットし、英語の音に慣れ親しんでいることが前提なのですね。ただ、子どもに音声インプットを全然してこなかったという親御さんもいると思うのですが？

松香　２０２０年からは小学3年から英語の授業が始まっていますから、全国的には、音声インプットは以前よりは行われるようになっています。だからこそ、フォニックスをやる必要はあるのです。**フォニックスは音声を文字に変換するものです。**もともと英語圏で生まれたフォニックスは、ペラペラしゃべれるけれど、読めない子どもに字を教えるためにつくられたものです。**すでにある音が、どういう仕組みで文字になるかをひもとくようなもの。**だから先に音声がないと、立ち戻るところがなくなってしまう。歌や絵本の読み

特別対談：×松香洋子先生

聞かせなどを通じて英語をたくさん聞いておいてからひとつひとつの音を入れていくのがフォニックスなので、まとまった音声に戻れる場所を最初につくる必要があるのです。耳の中に入れてストックしておいたさまざまな英語の音をひとつずつ見ていく。これがフォニックスなんです。耳のいい小学生のときにやってほしいですね。そして可能であれば3、4生のうちに教えてほしいと、よく小学校の先生にはお願いしています。今はいい教材がたくさん出ていますから、先生自身ができなくていい。いい教材であれば子どもは楽しんで学べるので、むしろ先生が邪魔になるかも（笑）。

安河内　まず3、4年生のうちに音のインプットをたくさんしてからフォニックスを導入、そして5、6年生で、スラスラとまではいかないまでも、例えばworldという単語を見たらworldとちゃんと発音できるようにしたいということですね？

松香　**worldは難易度がかなり高い**ですね。最初はバス停に書かれたBUS、牛乳パックに書かれたMILKなど日常でよく見聞きするものからスタートするといいですね。これらの単語を「バス」「ミルク」だと理解したうえで、「basu」「miruku」とローマ字（＝日本語）読みせず、英単語を見たときに正しい発音で読めるようにしていくわけです。

安河内　テレビCMでOpen Houseを、「オペンホウセ」って読んでしまう、というのがありましたが、まさにあれですね。

松香　そうですね。中学生になってもローマ字に引きずられてmakeを「マケ」、takeを「タケ」と読む子がいるんです。

安河内　私の教え子である、高校生の中にもけっこういますよ。

松香　本来あってはならないことですよね。フォニックスは、英語の子音と母音を教えていくもので、例えばtakeであれば「aをエイ（※便宜上、カタカナを使用）と読んでeは読まない」などと学んでいくわけです。母音を発音しない語も英語にはあるのに、「タケ」のように読んでいると英語のtakeを聞いてもtakeと認識できないし、"May I take your order?"と言っても通じない。のちのち、リスニングとスピーキングの能力差が歴然と付いてしまいます。

安河内　わからない高校生がいればもちろん直す指導はしていますが、**なかなか修正が難しい。**発音を無視して単語を覚える中学生が本当に多い。デタラメな発音で声に出していても、リーディングはできるようになるんです。読むだけなら間違った発音で学んでいてもなんとかなります。でも、間違った発音がこびり付いてしまうことによるリスニングとスピーキングへのデメリットははかり知れません。

松香　そうですね、昔はお手本の英語の音声がなかったから仕方がなかったかもしれませんが、音声素材が豊富なこの時代にペーパー上での読み書きだけでは……。

安河内　あと、音読のやり方を勘違いしてデタラメに読むクセが付いてしまうと、学校の中間・期末試験や受験で点数は取れてもリスニングとスピーキングで苦労して、英語を使いこなすことが将来困難になる。ある芸人さんが言っていたのですが、中学のとき音読を熱心にやる先生に当たったけれど、英語ネイティブの音声をお手本には使わず、先生のあとについて生徒全員で声を出していたそうなのです。「おなかが痛い」という意味のI have a stomachache.を、「I have a ストマチャチェ」と読んでいて、クラス全員も「I have a ストマチャチェ」とリピートしていたと。

松香　**音声を使わない先生がいますよね。**

安河内　教室で一緒に音読すると一体感が出せますが、間違った発音ではなく英語ネイティブ音声をお手本として生徒に聞かせないと。

松香　子どもってすごく鋭いから、担任の先生が読み上げる英語と、英語ネイティブのお手本の音声のどっちが正しいかを一瞬で聞き分けるんです。お手本の音声を聞かせれば、そちらを真似てリピートする。ALTと学級担任の英語を聞いてどっちを真似るべきか、耳のいい子どもはすぐわかって、すっとできます。

安河内　優良な音声素材や動画が手軽に入手できる時代なのですから、親にも先生にもこれらをフル活用してもらいたいですよね。

小学校、中学校、高校、私立公立を問わず、音声指導がしっかりできている先生とそうでない先生がいますね。でも**小3から高3までに習う先生が〝全員〟適切な指導をしているということはまずない**でしょう。ですから結局、親がしっかり「お手本の音声を真似する」という正しい音読のやり方を子どもに徹底させるしかないんですよね。いちばん怖いのは中学1年生あたりで英語嫌いになってしまうことですから、親が相当がっちりガードしないと。

松香　そうですね。「将来うちの子が世界にはばたいて、いろんな国の人と一緒にビジネスや研究もしていってほしい」と思っているご両親は、**先生や学校がなんと言おうと信念**

をもって貫いていってほしいです。

安河内　信念をもつのは大事ですね。いろいろな情報が入ってくると、あたふたして振り回されてしまいやすい。信念も大きく揺らぐと思うのですが、例えば「ネイティブの音で学ぶ方針」は10年間変えないといった決断を下したら、子どもがやり続けるのを見守っていくことが大事ですよね。

「お風呂に入る」が「バスに乗る」と伝わってしまう哀しさ

松香　少しローマ字の話に戻りますが、英語はさほどできないけれど積極性はあって、大学のときにイギリスにホームステイした学生に聞いたローマ字・カタカナ英語のトホホ話があるんです。夜10時を回ったころに、お風呂に入りたくなって〝I want to take a bath.〟を「アイ・ウォント・トゥ・テイク・ア・バス」という発音で伝えたら、ホストマザーが「こんな深夜にひとりで出かけるなんて危険!」と、ものすごい剣幕で怒りだしたそうなんです。お風呂のbathのつもりで言った「バス」が、乗り物のbusととり違えられた。bathもbusもカタカナで書くと同じなため起こってしまった悲喜劇ですよね。

彼女がなぜカンカンに怒っているのか本人は帰国するまでわからなかったのだとか。

安河内　この実例、すごくわかりやすいですね。英語は子音止めが基本です。対して日本語は、「イ・ヌ（I・NU）」「ネ・コ（NE・KO）」のように、母音と子音が組み合わさって1つの音のかたまりになるか、もしくは母音1つのどちらかになり、母音で終わります。ローマ字に慣れてしまって日本語の子音と母音の組み合わせで英語も読んでしまうクセが付くことだけは避けなければなりませんね。

松香　**ローマ字は日本語。英語ではないです。**もう呪文のように唱えてほしいくらい（笑）。英語はローマ字では絶対に読めるようにならない。フォニックスに絶対進むべきということです。

ずばり、おすすめの教材は？

安河内　ではフォニックスについて何も知らない親が、子どもに促す場面を想定します。教材を買って家でトライさせようと思ったら、まず何をやればいいですか？

松香　わが社ではわかりやすい映像の教材をたくさん制作しています。

特別対談：×松香洋子先生

安河内　おすすめをズバッと教えていただいたほうがみんな助かります（笑）。例えば、小5で初めてフォニックスに触れる子がいちばんやったほうがいいものを教えてください。

松香　**大阪府は、ずいぶん前にフォニックスの重要性を認識し、**とにかく小学生のときにやらねばということで、私たちが教材作りをお手伝いした経緯があります。大阪府の小学校は全校で必ずこれをやるという教材です。

安河内　すばらしいですね。

松香　先生たちは教えられないので、教材で完結するものを作ってほしいとのリクエストだったので、フォニックスの基本がひととおりすべてわかる映像を作ったんですね。大阪府用には『DREAM』という教材名で出していましたが、まったく同じ内容のものを『小学校英語SWITCH ON！®』というタイトルで、わが社のサイトでも売っています。それを見てもらうのがいちばんわかりやすいかもしれません。

安河内　『SWITCH ON！』は誰でも購入できるのですか？

松香　はい、指導者向けの教材と銘打っていますが、一般販売していて個人でも購入可能です。小1から小6まで学年別に内容をアレンジしてありますが、どの子も〈グレード1〉

から始めると良いです。ただ、1巻2万2千円（税込）と少し値段がはるのがネックでしょうか……。

安河内　でも、高価な教材セットに何十万もかけるよりは断然お値打ちですね（笑）。小学生のうちの英語教材には何よりフォニックスやチャンツがいいですから。

松香　このＤＶＤだけでなく、チャンツとからめたＣＤやＤＶＤなど、フォニックスの教材は数多くそろっています。どれを選べばいいかわからない親御さんはお問い合わせいただければ、各商品の特性や対象年齢などをメールでお送りすることもできます。

安河内　パンフレットを見ると、本の教材だと１２００円ぐらいから手に入る。これなら十分に購入して勉強できる価格帯ですね。

松香　手ごろな価格のものであれば、『バナナじゃなくてbananaチャンツ』（１４５２円／税込）もおすすめです。bananaやchocolateなどカタカナ読みに引きずられてしまって10年英語を勉強しても通じない〝カタカナ語〟と、本来の英語の発音を比較してチャンツにして覚えていく単語帳です。もちろん、お手本の音声が収録されたＣＤも付いています。

安河内　**フォニックスやチャンツは親子で一緒にやる**といいですね。banana、monkey なんて踊りながら。

松香　ぜひそうしてもらいたいです。英語の発音に自信がないお父さんお母さんでも、一緒に見て聞いて親子で楽しむのが、特に小さな子にとってはもっとも楽しい時間になりますから。英語が苦手で口にするのもつらいというご両親なら、子どもにちゃんと発音させて、親は口パクとかでもいいんじゃないかと思います。

安河内　なるほど。自分たちは英語ができないことを子どもに見せるのが特に恥ずかしくなければ、反面教師じゃないですけれど、**ダメ例としてカタカナ英語を披露してしまってもいいんじゃないか**と私は思います。「banana ってお父さんはうまく言えないな。簡単に言えちゃうキミはすごい！」と、尊敬の眼差しを向けることで、子どもの自己肯定感も高まりますよね。

松香　そうかもしれませんね。耳のいい子どもは「今のは違うよ」と忖度《そんたく》なしでズケズケ言ってきますから。そんな言葉にめげちゃうようであれば口パクで、一向に構わないのであれば下から目線で、「わー、すばらしいね」と褒めちぎる（笑）。

安河内　今日、お話を伺って、小学6年までにやることが明瞭に見えました！　簡単にまとめると、**3年生まで英語の音を聞かせまくって英語は楽しいものという意識を植え付けて、5、6年生で文字に対する興味が出てきた時期にフォニックスを導入。その間も音は並行して聞かせ続ける。**中学入学までに英語はペラペラにはならないけれど、フレーズとして英語をどんどんインプットし、読めるところまで仕上げておけばいい、というわけですね。

松香　はい。この下地ができていれば、**中学校でどのような音声指導を受けても、自分の力で正しい音声を文字へとつなげていけるわけです。**これは大きな強みになります。

安河内　確かに！　松香先生からいただいたバトンを中学、高校、そして大学と受け継いでいけるよう、本書でしっかり展開していきます！

中学1〜3年生

教科書を丸暗記できるくらい使い倒す！

まず大切なのは、中学の英語の教科書をしっかりやることです。ほかの教材にも手を出してあれこれやるよりは、**モデル音声を真似て**、教科書を全部丸暗記できるくらい**何度も音読練習する**のです。かつて、同時通訳の第一人者として活躍された故國弘正雄先生（１９３０〜２０１４年）も、教科書を何度も音読し暗誦することを提唱していました。國弘先生は、「中学の教科書に載っている英語は、使い回しの利く表現ばかり。汎用性があっていい」とおすすめしていたのですが、私もまったく同感です。

難しい文法を用いた英語は、どこでも使えるというわけではありません。フォーマルな場では使うけれどカジュアルな場では使わない、またその逆もありますが、**中学の教科書に載っている英語のほとんどは、どんな場でも使えるもの**です。だからこそ、暗誦しても損することはなく、無駄になりません。

教科書は非常にクオリティが高い！

中学の教科書は、もちろん文科省の厳しい審査にも通っていますし、内容もとても興味深いものとなっています。楽しく学べるようかなり工夫して作られていますし、バランスも良いです。文法も基本的なものはしっかりカバーされています。

私も教科書作りに関わった経験がありますが、教科書の作成には大きな手間がかけられています。多くの人が関わって内容が吟味され、会議を重ねて調整を慎重に行っています。さらにそこから文科省の教科書調査官が細部にわたってチェックするわけですから、検定をパスするのも容易ではありません。

市販のものにも良いものは多いと思いますが、一方で何十年も前から変わっていないものがあるのも事実です。その点、教科書やＮＨＫの教材は、吟味に吟味を重ねて作成、改訂されているので安心なのです。

音声も手に入れよう

つぎの教科書改訂(2022年度より)では、高校の教科書も新学習指導要領に準拠した新しいものとなり、これで中・高の教科書がひととおり新しいものに変わります。これまでは、教科書の音声を手に入れるためには、別売りのCDやダウンロード等が必要でした。しかし、今後は多くの教科書にQRコードがついて、タブレットや携帯をかざせばネイティブのお手本の音声もすぐ聞けるようになるでしょう。ただ現状では、学校で教科書をもらったときに音声がついていない場合もあります。そんな場合でも、教科書を作っている出版社が自社サイトでCDやダウンロード形式の音声を販売していることもあるので、入手できるようであれば必ず購入しましょう。**教科書を暗誦するときに、お手本となる音声は必須**です。

公立中学の英語の授業は週4日しかありません。いろいろな教科書に目を通してみると、週4で教えきれない分量だとは思いませんが、行事などが立て込んで、教科書の内容を隅々までカバーできないこともあるかもしれません。

そうなることを考慮し、あらかじめ**教科書ガイド**を購入しておくといいかもしれません。教科書ガイドは「教科書の解説書」のようなもので、例えば問題が出題されているページでは出題の意図、答えが載っています。また、教科書の和訳や語彙欄もあります。子どもが授業で教わらなかった部分を十分サポートしてくれる参考書として使えますし、学校のテストの点数アップにもつながるかもしれません。

テストの点数がすべてではない！

というわけで、子どもが中学生のうちは、通っている学校の英語の教科書をとことん使い倒すことを最優先させてください。そして試験でそこそこいい点数が取れれば自信も付きます。逆に点数が悪いと苦手意識が生まれ、やがて英語嫌いになってしまうかもしれないのでフォローとケアが大切です。そのために親が認識しておくべきなのは、**「学校の試験はつねに満点、1番である必要はない」**ということです。1クラス40人であれば、上位3分の1くらいに入っていれば十分だと思います。

テストはどうしてもペーパーベースになるため、「スペリングが正しいか」とか、「三単現のsがついているか」「不規則動詞のesになっているか」など、細部まで間違いなく正解できるかが、成績1、2番を競うポイントになります。ここで危険なのが、成績を上げたい一心で、学校のペーパーテストの点数を1点でも多く取ろうと、スペリングや細かい文法ばかり集中して勉強することです。もちろん、それらも大切なのですが、もっと大切な「お手本を聞きながら音読する」という学習法が疎かになってしまう危険性があります。ペーパーテストで点を取ろうとするあまり、筆記の学習に比重が置かれすぎてしまうかもしれないのです。

そうならないようにするには、子どもに教科書の英語を音声訓練してもらう時間をつくり、「発音がすごく良くなったね！」などと自宅で褒める機会をルーティンとしてつくったりするといいでしょう。教科書の範囲の部分を暗誦して言えるようになれば、テストの点数は自ずと上がります。

クラスの上位3分の1に入れなかったら？

それでも、クラスの3分の1はおろか、半分以内にも入れていない場合、どうしたらいいのでしょう？

英語ができない原因はそれほどたくさんあるわけではありません。さかのぼっていくと、ある時点で英語嫌いとなり勉強をやらなくなった、または耳と口を使う勉強法をしていない――このどちらか、もしくは両方が原因であることがほとんどでしょう。

解決策としてまずできることは、耳と口を使った学習法に軌道修正することです。問題をたくさん解かせても、そもそも英語嫌いになっているとすれば、逆効果になってしまうかもしれません。

もっとも即効性が高い軌道修正法は、いい指導者を見つけることです。中学校の先生は選べませんが、塾などで英語を積極的に話し、子どもが「この先生、面白いから好き！」と思える指導者を探すことは可能です。英語を教えるYouTuberの先生や、オンラインの先生にも、相性の良い先生がいるかもしれません。リアルだけではなくオンラインにもアンテナを広げれば、いい指導者に出会える可能性はグンと高まります。「**英語を話しながら教えてくれる**この人の授業、大好き！」という存在を見つけてあげてください。しかし、その場合に気を付けてほしいことがあります。それは、英語の音をまったく使わず、文法を日本語で教えることしかしない先生を気に入ってしまい、そのメソッドに心酔してしまうことです。わが子が自在に英語を操る大人になるためには、自ら英語を話すタイプを指導者に選ぶことはマストです。そのような先生であれば、昭和的な古い勉強法を推すことはまずありません。大好きな先生が「耳と口を必ず使いましょう」と言えば、子どもは「あの先生が言うのだからやってみよう」と素直に従うはずです。

教科書を暗誦するための正しい音読術

第4章で4技能の勉強法を詳しく説明しますが、中学校では教科書を使い倒すことが大きなポイントなので、効果的な教科書の音読練習法を軽くご紹介したいと思います。

つぎの4つのプロセスで行います。

❶音声をお手本に、ワンセンテンスずつ止めながら教科書の文字を追ってリピーティング

❷音声をお手本に、ワンセンテンスずつ止めながら文字を見ないでリピーティング

❸文字を見ながら、音声と同時に文を読み上げていくオーバーラッピング

❹文字を見ないで、音声のあとに〝影〟のように1、2語遅れて、聞こえるとおりの英語

を口にするシャドーイング

※すべてのプロセスにおいて音だけではなく意味をよく考えるように意識する。また、英文の意味に感情を乗せて言葉を発することが重要。

❹のシャドーイングはうまくできなくても問題ありません。もともと同時通訳を目指す人が訓練として用いていた高度なレベルの練習方法なので、できない人も多いです。うまくできなくて英語の学習がいやになってしまうくらいであれば、無理をしなくても大丈夫です。

これらの音読を積極的に行って教科書の英文を暗誦できるくらいまでのレベルに達すれば、**かなりの英語力が身に付いた**といえるでしょう。ほんの少しでもいいので、子どもがなるべく毎日音読を行うように習慣づけるといいでしょう。個室にこもって机に向かうと、子どもは「音読しなきゃ」と義務感にかられ、かえって音読が苦痛になってしまうかもしれません。夕食後や寝る前に、ダイニングテーブルなどで子どもが音読するのを聞いて、親が発音を褒めるなどしたほうが、やる気をアップさせられるかもしれません。誦じられるパートが増えたら、家事の手伝いをしてもらいながらなど、ながら学習でもOKです。**音を耳から入れて口を動かすことをルーティン化させる**ことを目指しましょう。

特に中学1、2年生時には、この学習法に重点を置くことをおすすめします。音声学習をみっちりやったほうが、将来使える英語をモノにするための近道になるからです。

本人が「学校の教科書だけじゃもの足りない。もっと勉強したい！」と言い出したら、内容がしっかりしているNHKの英語教材をやらせるといいと思います。スペリングや文法のドリルへの書き込み問題などを延々とやらせるよりも、NHKラジオの『基礎英語』シリーズのテキストを聞き続けたほうがずっと実力が付きます。教科書と同じように、聞きながら音読にも挑戦すると、さらに学習効果がアップするはずです。

〝筋トレ英語〟のススメ

私は、筋トレに挑戦してもいつも続かずに挫折するのですが、英会話に関しては飽きることなく、毎日やっていて、完全にルーティン化しています。毎日英語をやらないとスッキリしない体になってしまっているのです。毎朝9時からオンライン英会話をやるのが日課で、誰かと英語でしゃべらないと気持ち悪いと感じてしまうのです。やらないとテンションが上がらず、1日の活力がわいてきません。

中学生のうちから自分のルーティンに英語学習を組み込めたらしめたものです。耳から英語をインプットしたのち、音声訓練をしないと、なんだか気持ちが落ち着かなくて眠れない……そんなふうに感じるほど日課にできたら最高です。

ペーパーテストで試される能力が、英語の真の実力に必ずしも比例するわけではありません。例えばスペリングが苦手、日本語に訳すのが苦痛、時制の一致など文法の細かい部分の正しい使い分けができないといった弱点が、ホンモノの英語力にそのまま比例するかというと、必ずしもそうではないのです。

テストで必ずしも満点を取る必要はないというお話をしましたが、スペリングのミスや些細な文法の間違いなど細かいことに目くじらを立てず、むしろ目をつぶるくらいの姿勢で構えましょう。そもそも、**高校受験では満点を取れなくても、合格点を取れれば合格できます。**それよりも、「正しい発音の英語を耳から入れて口から出す学習を少しでもやらないと気が済まない!」という意識を、どうしたら子どもにもたせられるかに腐心してください。

「細かいミスは仕方がないよ! それより、音声を聞いて口から出す訓練をしたほうがいいよ」などと声をかけ、重箱のスミをつつくような学習スタイルは推奨しないようにしましょう。

高校の入試問題

公立の高校受験では、多くの都道府県で、文法を理解しているかを直接試す問題はそれほど出題されません。文法的要素が間接的に入ってくる問題はありますが、全体の中ではわずかな量です。**大半はリスニングとリーディング問題**で、短いライティングがあり、その3技能の力を直接試す内容となります。試験対策としては、本書の第4章で紹介しているリスニングとリーディングを鍛える学習を日々行い、中学3年の2学期以降で過去問にひと通り当たっておけば良いでしょう。

公立の高校受験での新しい動きとしては、東京都で中3時にスピーキングテストを実施し、都立高校の入学者選別テストでその結果を活用することが予定されていましたが、コロナの影響などもあって導入が遅れ、2022年度以降となることが発表されています。将来的にはほかの都道府県も東京都に追随することが考えられますので、公立高校入学のためにスピーキングテストが実施される可能性もあります。

私立高校の場合は独自の試験を実施しますから、特別な問題が出題されることが多々あります。中3の1学期あたりで、志望する私立高校の過去問をじっくり解いてみて傾向をつかみ、穴埋め問題や部分和訳など、特殊な問題が出される場合は、個別の対策をしていく必要があります。ただ、このような個別試験の対策に偏りすぎないようにするバランス感覚も重要です。音を使って学習するルーティンは、受験直前期でも英語の感覚を失わないように続けたほうがいいです。

中学生のうちに英検取得をしておくべきか

本人が受けたいのであれば、中1の1学期が終わった以降で5級に挑戦させてみるといいでしょう。5級の出題範囲は、中1の終了時点あたりまでとされています。4級の出題範囲は、中2終了あたりです。5、4級はリーディングとリスニングだけの一次試験だけで合否が決まりますが、合格者も不合格者も合否の通知を受け取ったあとに、オプションでスピーキングテストを受けられます。**追加の受験料は一切かからず、パソコンやタブレットでどこからでも受験できる**ので、日ごろの学習成果を試すという意味でも、トライすることをおすすめします。

英検は指導要領に近づけて作成されています。タイミングを合わせれば、教科書と親和性が高い問題なので、本人が希望するのであれば腕試しに5、4級を受けさせると良いでしょう。4、5級は高校受験などに使えるわけでもありませんから、あくまでも力試し。簡単といわれている級なので不合格になるとショックですし、英語に苦手意識を抱くきっかけにもなりかねないので、本人が望まない限りはむりやり受験させないほうがいいと思います。今は、英検はどの級も合否に加えてスコア（点数）も出ます。9割くらい解けるようになってから満を持して受験したほうが、合格だけでなく満点に近い点数も取れるので気分もいいはずです。

中3までの履修範囲が出題される英検3級は、公立高校の入試問題とも親和性が高く、4技能のバランスも良いので、中学生の学習目標として適しています。過去問をやってみて7割5分ほど正解できるようになり、本人が希望するようであれば挑戦するようにすすめてみても。高得点で合格すれば、中学生で習得すべき基本的英語力は身に付いたと見なしていいでしょう。中3になって、中学の教科書の内容がもの足りなくなってくるケースもあります。そのような場合は、本人が望むなら、前倒しして高校基礎レベルの内容に挑戦するのもアリでしょう。公立高校の入試問題の準備で足踏みして何か月も過ごすよりはそちらのほうがいいと思います。中学卒業までに、英検準2級に合格する程度の力を身に付けることができれば、高校での学習や大学受験が非常に有利になります。

エキスパートとの
特別対談

2

中学の英語編

胡《え》子《び》美《す》由紀先生

胡子美由紀先生

広島市内の公立中学校、広島大学附属東雲中学校勤務を経て、現在は広島市立古田中学校教諭。研究会をはじめ教育研修会の講師を務める。生徒の個性を引き出し可能性を伸ばす授業スタイルには定評があり、全国各地より授業参観者が訪れ、授業公開を行っている。『生徒を動かすマネジメント満載！　英語授業ルール＆活動アイデア35』（明治図書出版刊）など著書多数

安河内　胡子先生の授業は私も数年前に見学させてもらいましたが、**教科書をあまり開かずに生徒にたくさん英語を聞かせ、しゃべらせていた**ことを鮮明に覚えています。生徒と一緒に私もペアワークをさせてもらって、すごく楽しかったです。全国の中学の先生が胡子先生のような授業をしてくれれば、日本中、英語ができる子だらけになると思います。でも本書では、むしろ胡子先生のような先生に習えなかった場合を想定しています。家庭学習でどのような学習を行えば英語ができる子どもが育つのか、アイデアをいただければと思っています。まだ昭和のやり方で指導をしている塾や学校に通っている子どもたちも

多いと思いますので。

胡子　まず最初に言っておきたいのは、実際にそういう旧態依然とした昭和的な英語の授業を子どもが受けていたとしても、親は子どもの前で授業や先生を否定してはならないということです。「授業にはいろんなやり方があるし、先生は信念をもってやっていることだから、それはそれで大事にしなさい」などと言ってほしいですね。

安河内　そうですね。塾は替えることができますが、学校を替えることは難しいですから、頭ごなしに否定するのはNGですね。

胡子　そうです。否定してしまうと子どもが先生の言うことを聞かなくなりますし、学校生活も楽しめなくなってしまいますから。

安河内　中学での英語の授業自体が古いスタイルだった場合、家ではどんな勉強方法がおすすめですか?

胡子　NHKラジオの「基礎英語」シリーズを毎日聞くことでしょうか。あとは、親御さんに抵抗がなければ、家でかける音声は全部英語にするとか……CNNのニュースやNHKの英語講座のストリーミング、洋楽ばかりかけるんです。「英語ばっかりでうるさい!」

と言われるかもしれませんけど（笑）。

安河内　学校ではものすごく文法寄りの授業をしていても、親が家庭で緩和する工夫をすればバランスがとれますね。これはふつうの家庭でもすぐ実践できそうです。

胡子　基礎英語を聞くときは、**英語を口から出す練習もちゃんとするように釘を刺すといいです。**さぼりがちになったときは、私も一緒に聞くからと、親子でキーフレーズを口に出して言ったりするのもいいと思います。

安河内　一緒に英語を学ぶ環境がつくれたら最高です。その際、**NHKの教材は使えますよね。**番組を聞くのはただですし、テキストも毎月500円程度で済む。ネイティブのお手本の音を何度も聞いてから口に出す時間もあるので、とても活動型です。

胡子　そうですね。私の学校でも、基礎英語をきちんとやっている子たちは、土台がしっかりできている印象が強いです。

まずは、教科書音読をマスターすること！

安河内　学校が座学中心で、自宅でも同じような学習しかしていないと、文法はできるようになってもリスニングやスピーキングはできるようにならないですね。胡子先生は**教える生徒みんなを英語が話せるようにしてしまう**中学のカリスマ英語教師ですから、ご友人などからアドバイスを求められることもよくあるのでは?

胡子　「ウチの子、英語ができないんだけどどうしたら?」という相談は友人だけでなく、保護者からもよく受けます。私が必ず言うのは、**「もっている教科書を読めるようにするのがまず大事」**ということですね。「お母さんも一緒に読んで練習してみて」とも付け加えています。

安河内　教科書を読めるようにするとはどういうことですか? 声に出して読め、意味がわかるという解釈でしょうか。

胡子　そうですね。音読がさっとできて、意味もとれるということです。

安河内　ただ、**カタカナ読みでの音読はNG**ですよね? 特にブランクのあるお父さんお母さんも一緒に中学の教科書を音読しようとなれば、まずは**お手本のネイティブの音声をじっくり聞くことが必要**です。『SUNSHINE ENGLISH COURSE』(開隆堂出版刊)や『ONE WORLD English Course』(教育出版刊)といったポピュラーな英語の中学の検定教科書は、今はもう、音声が聞けるようになっているのですか？

胡子　令和3年版、つまり2021年4月に改訂となった新しい教科書では、**QRコードが付いて音声が聞けるようになりました。**それ以前のものは、各教科書会社のサイトで音声が入手できるようになっています。これらの音声は必ず聞くようにと伝えています。

安河内　教科書のお手本の音声は手に入れることができますから、家では必ず聞く習慣を付けたいですね。聞こえた音をそのまま真似るかたちで音読をして、意味を理解していく。

胡子　そうですね。私は仕事上、今の子どもたちがどんな教科書を使って英語を学んでいるか把握できていますが、**ふつうの保護者は、英語に限らず、わが子の教科書に何が載っているのか知らない場合がほとんど**です。私が保護者に家庭学習として求めているのは、**「全部のパートを覚えるよう暗誦を課しているので、子どもが音読するのを聞いてください」**というものです。小学1～3年生あたりの国語では、教科書の音読が宿題としてよく出て、「音読しました」と親がサインしますよね？　**中学校の教科書で何を子どもが学んでいるか知っていただく意味も込めて音読を聞いてほしい。**聞いたら小学校低学年時代を思い出して、やはりサインまでをお願いしています。こうすることで、**「イマドキの教科書**

って違うんですね」「面白くなっていますね」「自分も考え方を変えないとダメだな」と気付く保護者の方も出てくるんです。

安河内　なるほど。子どもの音読を聞いて、今の教科書の内容を親が知ることは、どの家庭でもすぐできますね。家庭での音読方法ですが、お手本のネイティブの音声をワンセンテンスずつ聞いて、自分でも言ってみる。最初はこれをやりますよね？　意味を考えて読むクセも付けていかなければなりません。だとすると、音と一緒にかぶせながら読むオーバーラッピング、文字を見ないでやるリピーティング、さらに文字を見ずに聞こえた音をそのとおり口に出すシャドーイングもやらせていますか？

胡子　はい、やらせています。

安河内　そういった音読を行って、教科書の意味も理解しつつ暗誦できるようになるまで何度もやる。親はその様子をしっかり見守る。これを日課にすればいいわけですね。

胡子　**家でしっかり音読をする子は、やはり順調に伸びていきます。**私が最初に書いた『英語授業ルール&活動アイデア35』（明治図書出版刊）には短い音読のバリエーションを27入れています。この中の「Useful Expression」の一部を生徒にプリントアウトして配ったところ、家で子どもとやってみるので全部ください と言われたことがあるんです。家でなら、例えばお母さんがレポーターになって子どもが回答者になるといったロールプレイができます。授業ではBGMを流してやっていると子どもから聞いたお母さんが、家でもノリノリの音楽をかけて楽しみながらやっているような家庭もあります。

安河内　最高ですね。胡子先生が書かれたその本を私も読ませていただきましたが、とても役立ちました。基本的には英語の授業をする教員向けですが、**音読のことやボーカルエクササイズ、呼吸の仕方なども説明されている**ので、読んでみて使えそうな部分だけを家庭で利用する価値は、大いにあると思います。一般向けにも販売されていますか？

胡子　はい、オンラインや書店で購入できます。また中学で英語を積極的に口に出すような活動型の授業が行われている場合、家庭では授業の振り返りになる学習をすべきだと思います。学校で話した内容を書いたり読んだりしてみて音読する、といったかたちで復習してみるといいでしょう。せっかく活動型の授業がされているのに、塾に行かせたり問題集を買って解かせたりと、学校とは全然違う方向に走ってしまう保護者もじつは少なくないんです。**塾通いや問題集をやらされる生徒には、学校の課題をまったくやらない子もい**

ます。

小学校で、英語の音に慣れてなかった生徒への対策は?

安河内　胡子先生のように、**英語の音をたくさん聞かせたうえで、英語を使う訓練もみっちりする授業に当たった場合は、とにかくそれを信頼してしっかりやればいいですよね。**

小学校英語は基本的に活動型の授業で音がたくさん使われます。「歌などを使って楽しく」が基本です。文法はよくわかっていないけれど、英語にはある程度慣れ親しんで中学に上がってくる。音声活動の授業を受けて、英語には興味をもっている。それなのに中学に上がった途端、スペリングを線の上にきっちり10回ずつ書いて、はみ出すと×のような教室に放り込まれることもあるわけです。

胡子　まず公立小学校の英語の授業ですが、少なくとも私が教える学区ではだいぶ事情が違います。

安河内　英語の音をたくさん入れるような活動型の授業をしている小学校は少ないと?

胡子　というより、小学校によってすごく差があるんです。リスニングやスピーキングをあまりやらず、逆に文法のルールをどんどん習うような、いわゆる「書く英語」を教わってきた子たちがいるんです。今受けもっている中1に、そういう子が特に多くて驚きました。そのじつ、ボキャブラリーはあまり増えていないし、明治・昭和的な学習から入ってきているので、私が音声を入れようと思っても入りにくい状態でした。「それはホントの言語習得ではないよ」とずっと言い続けてきました。

安河内　そんな状況になっているとはびっくりです。なぜそんな事態になったのでしょう？

胡子　以前から問題になっているように、小学校の教員で英語の指導ができる先生がまだ十分に養成されていないことがひとつ挙げられると思います。生徒はなんちゃって発音の授業を受けて中学校に上がることになる。そのため発音矯正がしづらいというのが、中1を受けもっての印象です。そんな状況を受けて中学校での音声指導をしています。

安河内　そうなのですね。小学校でいわゆる旧式の英語教育を受けてから中学に入学してきた生徒たちに、どういう授業をしているのですか？　先生の教え子には、**中3で英検準2級、2級に合格する子がたくさんいて、中2で授業中にみんなが英語でしゃべりまくっ**

ているような状態です。クラスで実施している実際のメソッドを聞けば、家庭で導入できる部分もいくらかは出てくるはずです。通常であれば中1の最初は、教科書を開いてアルファベットの大文字小文字、be動詞、一般動詞から教えはじめることが多いと思いますが、先生のクラスはまず何をしますか?

胡子　子どもたちがどれくらいできるか知りたいので、**授業で映画を見せて、ディクテーション（読み上げられる英語の書きとり）をします。**ここを聞きとってごらんと言って、何の音が聞こえたかと、**まず音声から入る**のです。やらせてみると聞きとれないところが出てきますから、**聞こえたところだけ声を出させていきます。**ある程度舌が回るようになったら、もう一度音声を聞かせてみます。すると、**ゆっくりはっきり聞こえてくるという体験ができる**のです。**音をたくさん聞いてからしっかり声を出すことがより大事になる**と叩き込んでから授業を進めていきます。

1学期は授業で教科書はほとんど開きません。とにかくいろんな表現を聞かせて口真似させて覚えさせます。そして即興チャットと呼んでいる、短い会話のやりとりをさせ、できるようになったら、モノローグ（独白）などしゃべっていく活動をどんどんしていきます。さらに、小学校でしっかり音声を入れてきている場合もそうでない場合も中1の授業では、音と文字のルールであるフォニックスは、帯の活動としてやはり取り入れています。

知らぬ間に教科書を読みこなすスキルが身に付いていた！

安河内　教科書を使いはじめるのはいつごろからですか？

胡子　最初は挨拶や誰が何をするといった基本的なものしか出てきませんので、6、7月まで開きません。自己表現ができるように、パターンプラクティス+αで楽しみながら**自己表現できるようなトレーニングをひたすらやっていきます。**即興でQ&Aを行い、1分間で可能な限りたくさん答えるといったアクティビティーを通じて、さっと反応ができる瞬発力を付けていくのです。そのあといきなり教科書を開いたときに、「あ、全部読める！」という状況をつくり出す感じです。

安河内　**ページを開かなくても教科書の内容は音ベースでしっかりやっているわけですね。開かないというだけで、内容はすべて音でインプットされている。**

胡子　はい。開いてみたら、先生の説明なしで生徒個人が読めるかたちにもっていくのです。音のルールと、今まで使ってきた表現を駆使して推測していくと、「読めちゃうじゃん！」となるようにさせるというわけです。

安河内　胡子先生の授業は、ものすごい速さで英語をインプットしてすぐアウトプットしますよね。だから1回の授業でふつうの英語の授業の3倍くらいの英語が使われている印象です。あとから文法を回収していくかたちになるかと思うのですが、2学期以降はどうなるのでしょうか？

胡子　だいたいのところはざっと読めるようになってきているので、教科書の内容を〈プログラム3〉あたりまで音声で聞いてみると、「あ、全部わかる」となるんです。ストーリーが短いので聞こえた内容は、ほとんどの子が全部言えます。さらに**教科書を開いたら読めるところまできている**ので、つぎはプログラムを自分たちで演じさせます。教科書に載っている会話を音読で暗記させたら、2人1組になって言わせるわけです。〈プログラム4〉あたりからは英文も長くなって、リスニングさせてもわからない箇所が少し出てくるので、グループで推測させたあとに、内容が合っていたかどうかを文字で見て確認していきます。

安河内　中間や期末試験の内容はどんなものですか？

胡子　音声理解と自己表現を中心に出題しています。

安河内　高校入試は都道府県でばらつきはありますが、**全体的に文法問題はあまり出ない形になっています。**まだ出題する都道府県でも単語の穴埋め問題がちょっと出る程度です。

胡子　広島もいわゆる穴埋めみたいなのは、公立の出題にはありません。

安河内　例えば、過去分詞形が入る場面だからbreakをbrokenに変えて書きなさいみたいなのは、広島県ではないということですね？

胡子　ないですね。

安河内　表現力を重視する問題が多いでしょうから、先生が作っている中間、期末テストは、高校の入試問題を考えたときも損はないですね。

胡子　ありません。

安河内　でも、もちろん全体を眺めてみると、定期試験の問題は知識を確認するものになりがちですよね……。

胡子　指導と評価の一体化といわれますが、私は穴埋めや一問一答式を授業に取り入れていないので、テストもそうなるわけがありません。ただ、そういう授業をやっている先生は、穴埋めや並べ替え問題のあるテストを出すことになります。

安河内　なるほど。胡子先生の授業の進め方を伺って、生徒がなぜ英語ができるようになるかよくわかりました。小学校で文法や書くことを中心にやってきた子どもたちは、中1で先生の授業を受けるとかなりのカルチャーショックを受けるのでは？

胡子　両極端の反応があります。自由にしゃべる授業をやることに大喜びで、わーっとはしゃいでやるパターン。逆に今までとは違うと引いてしまう子もいます。

安河内　くいついてこない子にはどう対処しているのですか？

胡子　私が言ったことがわかるようになった、スピードについてこれるようになったといったきっかけで、楽しめるようになっていきます。**簡単な自己紹介を言っただけでみんなが拍手してくれたり、自分の言った英語が相手に伝わったりというような経験で、モチベーションは一気に上がります。**できないと逃げてしまう子もいますが、小学校で音声に慣れてきた子が楽しいよと声をかけたりすることで、「じゃあ、もう一度頑張ってみよう」と、乗り越えていきます。

安河内 クラスの中には、英語は点数を取って成績を上げるために勉強しているというスタンスの子もいるのでは？

胡子 最初のうちはいますね。ただ私の授業を受けていくと、**自分の気持ちを伝えたり、クラスメイトと関わりながらいろいろ学んでいけることに気付くので、テストでいい点を取るために英語をやるのではないと徐々にわかってくる**んです。最終的にはコミュニケーションのツールとして英語を身に付けたいと思ってくれる子がほとんどです。**スピーキングなんてできなくていいと最後まで頑なに言い張るような子はいません。**

安河内 胡子先生がすごいのは、赴任した学校の英語教育を変えてしまうこと。しかも、私立ではなく公立ですごい成果と実績を出している。日本の英語教育は遅れているとよく揶揄されますが、先生のように最先端を走っている人も中にはいる。希望が見出せます。

中学で活動型の先生に当たった場合は、偏見をもたずに信じて、子どもを励まして学校に送り出す。そして家では、学校の活動型学習の復習をしていく。活動型の先生に当たらなかった場合は、洋楽や英語ニュースを流すなどして家庭でなるべく英語の音に触れさせる。できればＮＨＫの基礎英語などを親子で一緒にやってみる。そしてどちらの先生に当たった場合も教科書音読は必ず行う――どんな先生に習っても、自宅でどう対処すればいいのかわかっていれば、大きなアドバンテージになるはずです。

音読はアウトプットではない

胡子　活動型の授業をする先生も増えてきているかなとも思うのですが、活動の内容がパターンプラクティスに終わっていることが多いですね。自分の考えを述べさせる活動にまで踏み込んでやっている先生となると、2、3割ほどしかいないかもしれません。ディスカッション、ディベートとなると難しすぎてできないという先生も多いです。

安河内　特に親は勘違いしてしまいがちですが、**英語を使ったゲームや音読は本当の意味での言語活動ではありません。**単語選びのゲームやビンゴ、ペア音読、リピーティング、オーバーラッピングは、自分の考えを言っていることにはならないからです。教科書の音読や暗誦は大切ですが、その先にある「自己表現」のための準備なんですよね。

胡子　生徒の知的好奇心が高まり、家でも英語に触れるモチベーションが上がっていけば、子どもが自分の生活の一部として英語をとらえて自分なりの表現ができるようになる。そんなレベルにまでもっていける授業を目指さなければと思っています。

安河内　音読はアウトプットじゃなくてインプット。**アウトプットとは、自分の考えを発信すること**です。スピーキングをやっていると勘違いして、音読とパターンプラクティスばかりやっているケースもあります。自己表現ができるからこそ音読も頑張るというものですよね。

胡子先生が授業でやっていることが100だとすると、100を家庭で実現することはもちろん不可能ですが、前述したような対処法を知っていれば、家庭でできることも多くあります。

胡子　英語には直接関係ないかもしれませんが、時事的なことが最近家庭ではあまり話されていないと強く感じています。**英語の教科書は環境問題や国際問題なども扱っています。**また私は、世間を賑わす問題について即興でしゃべらせるようなことも授業でしています。ベースとなる知識やネタがなければその場で学んでいけばいい、知っていけばいいと、もちろん思います。ただ、ある程度はふだんから家庭でいろいろな問題に関心をもって会話をしてほしいと思います。

安河内　例えば環境問題に関しての会話を自宅でまったくしないまま、いきなり題材にしてプレゼンしろと振られても意見を言うのは厳しくなりますよね。
先日、ある中学生の生徒にライティングを教える機会がありまして、「好きな季節はいつ?」って聞いてみたら「わからない」と言うので驚きました。ペーパーの成績は良い子だったんですが、きっと自分の意見をずっともたないままだったんですね。

胡子　懇談で話して思うのは、**子どもには勉強しろと言うけれど、自分は何にもしていないと思われる親が多い**ということです。学力が低くて学習習慣が付いていない子は、家庭で親が一緒に付いて多少なりとも勉強するといったことをしていないケースが多いです。それをすっ飛ばして中学生になったから1人でもうできる、とはならない。可能であれば新聞を読んでいてもいいので、子どもの隣に座って1時間、30分でも子どもが勉強したり、本を読んだりするそばで一緒に過ごす時間をつくってください。こうお願いして成功した家庭もあります。

安河内　英語に関してなら、教科書の音声訓練を一緒にやれば自分の勉強にもなりますしね。

胡子　本当にそうですね。授業でたくさんしゃべらせ、自分の意見をたくさん英語で言わせた私の教え子は、**留学経験者も多い**んです。卒業後も連絡をくれる子もけっこういて、どこどこに留学するとか、将来は国際弁護士になりたいとかいろいろ教えてくれます。また、「英語は自分の武器だから」「先生に受けもってもらって人生が変わりました」などいった声も届きます。

安河内　英語の先生冥利につきますね。また、先生の授業を見学に行き、生徒に混ざって英語でコミュニケーションできるのを楽しみにしています！

高校1〜3年生

「大学受験用の勉強は高3の後半」と割り切る！

〝高校デビュー〟の遅咲きでも間に合う？

本書を手に取ったタイミングで、わが子がすでに高校生で、「英語学習なんて学校や塾にお任せで、何も考えてこなかった！　もう間に合わないってこと？」と焦っている人もいるかもしれません。

結論からいうと、手遅れ、絶望ということはありません。

中3まで学校の英語の授業をふつうに受けて、成績もあまり良くないという場合でも、高校生で巻き返しを図ることができます。

ただし、本書でのロードマップより遅れている分を、一気に取り返さなければなりませんから、相応の覚悟は必要です。けれども、**私自身も、英語学習に本腰を入れはじめたの**

は大学受験のころからです（各章の後ろについているコラム「私の英語History」をぜひお読みください）。高校でやる気が出てスパートし、そこから急激に追い付く子をたくさん見てきました。

中学の英語の成績が良くなかったという場合、**お手本となるネイティブの英語を耳で聞いて、聞こえるとおりに口を動かす訓練をまったくせず、**教科書と参考書といった紙だけでしか勉強をしてこなかったパターンが多いでしょう。高校デビューで英語の成績を上げ、二十歳以降使える英語力を手に入れるためには、「お手本のネイティブ音声を耳で聞いて口に出して言ってみる」という学習法への切り替えを一刻も早く行って毎日実践すること。これにつきます!

中学と同様、「耳から口学習法」が最優先!

高校デビューでも、基本的にやることは同じです。本書が「中学でやるべきこと」としてお話ししてきた「音声活動中心」メソッドを高校でも実践し、追い付けばいいだけのことです。遅れた分を取り戻す必要があるので、学習ペースは多少上げなければなりませんが、ここから巻き返し、起死回生で成功した例は、私もたくさん見てきています。

高校から巻き返すためには、「耳から聞いて口に出す」という英語学習法に変え、習慣化することを最優先事項と考えましょう。毎日少しずつでもいいので、継続すれば英語は徐々にできるようになります。成績が上がり、英語が聞こえるようになり、口にも出せるようになったという実感を、子ども自身がもてるようになればモチベーションも一気に上がります。こうなれば、「耳から口学習法」を重要視し、積極的に強化しながら続けていくことができるはずです。

大学受験という大きなハードル

英語学習でいちばん難しいのが、高校の時期です。

理由はいたってシンプル。ずばり、最大のハードル大学受験が控えているからです。

高校、なかでも高3は大学受験のために、多くの日本人がいちばん勉強する時期です。

本書のロードマップに従った英語学習を続けてこられていたとしても、「大学合格」という大きな目標を前にしたら、さすがに高校時代は「音声を中心とした勉強よりもペーパー中心の大学受験英語を優先にしないと！」という気持ちが生まれるのも無理はありません。

大学受験のための英語ばかりにとらわれ、「耳から口学習法」を怠ると、使える英語を手に入れるための学習が滞ってしまいます。ここに大きなトラップが仕掛けられているのです。

したがって、いわゆる**受験英語とどう折り合いを付けていくか**が、高校時代のもっとも重要な課題となるのです。

大学受験の英語は技能数に偏りがあります。大学入試共通テストに関してもリスニングとリーディングの2技能のみの出題です。また、国立大学や私立大学の個別の入試は、大学や学部によって内容が大きく異なり、内容はさまざまです。数百の大学の各学部が入試方式毎に問題を作成しているわけですから、技術的にバランス良く4技能を測定することは難しいのが現状です。英語から日本語への翻訳、日本語から英語への翻訳の問題や難解な語法・文法問題を出題する大学もあります。一方、少数派ではありますが、独自のリスニングテストやスピーキングテストを行っている大学もあります。

大学のホームページでは、多くの大学は、受験生に4技能をバランス良く勉強して備えてくださいとアドバイスしています。しかし、大学自体が作っている入試問題は出題に偏りができてしまうという制度的な問題があるわけです。

この状況を踏まえたうえで、高校での英語学習や大学受験に冷静に対処する必要があります。

高校の授業内容にはさまざまなスタイルがある

さて、〝迷える高校生〟の大多数は、個別の大学の入試問題で点数が取れるようみっちり指導してくれる予備校に通ったり、入試問題を解説している受験参考書を片手に勉強したりします。

一方、進学校も英語指導については玉石混交です。学習指導要領に従って4技能をバランス良く融合的に教える高校もあれば、高校1年のときから大学入試の問題を徹底的にやらせる学校もあります。

ただし、一般論としていえることは、**「上の学年になるほど、入試に出ない要素は必然的に省かれる」**です。進学校ではこの傾向が特に顕著になります。

1年時から入試に出ないスピーキングなどは除いて大学入試に向かって一直線にやる高校。1、2年の間は4技能を意識した指導をそれなりにするが、3年になると完全にスピーキング活動は排除し、入試問題ばかりをやる高校。かなりまれですが、最後まで指導要領に準拠した4技能を活動型で教える指導を行って、大学入試にはあまりなびかない高校もあります。このように高校での英語の授業はさまざまなスタイルがあるわけです。

ひとつだけ確かなのは、多くの家庭にとって大学入試は一大事だということです。大学入試を目標に勉強することは否定できません。高校入試も頑張って突破したし、最後の大学入試は絶対にはずしたくない気持ちは、誰もがもつことでしょう。

白うさぎと黒うさぎの二兎を追え！

ここで、88ページのロードマップに描かれていた白うさぎと黒うさぎの登場です。

私が描く高校時代の最良の英語学習法は、この**「白うさぎ」「黒うさぎ」を二兎とも追い、両方とも捕まえる**というものです。

これがいちばん現実的なベストです。**予備校で教える教師である私自身も教え子に目指**

白うさぎ

＝3年の夏までは徹底的に
4技能を磨く学習を行い
英語力を極限まで高める

黒うさぎ

＝最後の半年で
入試にアジャストする

してほしい理想型です。英語をしっかりとモノにした生徒のほとんどが通った道でもあります。

私の教え子で、英語が得意な生徒は、上智大、立教大、ＩＣＵ（国際基督教大）、東京外大、早稲田大の国際教養学部、国際教養大、海外の大学等に入る子が多いのですが、**二十歳あたりで英語圏に留学して、さらに英語に磨きをかける**というケースも見受けられます。もちろん、受験英語と話せるようになるための英語との間で大いに苦しみます。

「私がやりたい英語と受験で試される英語は違う。受験は避けては通れないし、受験英語はいつから始めたらいいいんだろう」という葛藤を抱くわけです。

そんな子たちにも私は、「高3の夏までは英語そのものを徹底的に磨いて、高3の二学期から大学入試の過去問を一気にやって受験勉強に順応する。その間はスピーキングが少しおざなりになったりするけれど、日本の大学に行くのであればその半年間は調整期間だから」とアドバイスしています。

高3の夏までに英検準1級取得を目指す

高3の夏までに、英検準1級レベルのスキルを身に付けられれば、「白うさぎ」をうまく追えたといえます。準1級レベルは、CEFR（Common European Framework of Reference for Languagesの略。外国語の習得レベルにおける国際的なガイドライン。176ページの対照表参照）でいうとB2レベルです（抽象的な話題でも具体的な話題でも、複雑な文章の主要な内容を理解できる。母語話者とはお互いに緊張しないでふつうにやりとりができるくらい流暢かつ自然である。幅広い話題について明確で詳細な文章を作ることができる／ブリティッシュ・カウンシル、ケンブリッジ大学英語検定機構より）。全4技能でB2レベルに達してほしいのですが、そのいちばんわかりやすいゴールが英検準1級合格なのです。

これが達成できれば、基礎力はばっちりで、どんな大学入試の問題にもほぼ対応できるはず。ただし、そのあと受験対策をまったくせずに東大、一橋、慶應、早稲田といった難関校の問題を解いても、おそらく合格点は取れないでしょう。でも、高3の2学期から半年弱、志望大学の過去問とじっくり向き合って傾向をつかみ、対策を練ってから受験にのぞめば十分合格圏内に入れます。東大、一橋、慶應、早稲田などで出される読解問題は特に難解なので、**最後の半年間**は「ザ・受験英語」と割り切った勉強に舵を切らなくてはならないでしょう。日本の入試問題特有の、文献を読んで日本語で説明するものや、古い文献で見られる変わった文法事項なども、志望校で出題されるものに限ってこの時期にやるといいでしょう。

4技能の英語をバランス良くマスターしていなくても、高校三年間の英語学習は、予備校に通って、難関大学の問題を解くことだけに集中すれば合格できる可能性はあります。ただしその場合は、一部の技能だけに偏った勉強しかしていないので、英語自体の**バランスが完全に崩れてしまいます。**そして大学に入ってからまた、本当の英語はやり直すという極めて非効率なことになってしまうのです。大学でやり直すことができなければ、企業に勤めるようになってから、また英語で苦労します。私は年に何千人も、そのような受験英語からの流れに始まって、英語に苦労している企業人を教えています。

二兎を追うものしか二兎は得られず

「二兎を追うものは一兎をも得ず」ということわざがありますが、大学受験に際しては、「二兎を追わなければ二兎は得られず」ということだと思います。「受験英語（＝大学合格）」という黒うさぎを追って、受験に出る部分にしか力を入れないと、合格した途端に英語から離れてしまうということになりかねません。そして私はさまざまな企業のセミナーで、社会人になって英語で苦しんでいる人々に、再度英語を教えています。だから、高校三年間は、黒うさぎ一辺倒になるのではなく、「使える英語（＝4技能習得）」という白うさぎを絶対に捕まえるべきです。

そもそも、この二兎が同じところを目指して跳ねているうさぎだったら問題はなかったのですが、大学合格の黒うさぎと、4技能習得の白うさぎという異なるゴールに向かって走っている二兎を追わなければならないわけです。

とはいえ、高校三年間だけで二兎を捕まえなければならない、というわけではありません。88ページのロードマップを忠実になぞる場合、白うさぎの捕獲は幼少期から始まっているからです。高校生になってから白うさぎを追わなければならない場合は少しせわしないかもしれませんが、中学レベルの英語まではある程度ベースにあるはずなので、そのベースに、音声活動を中心とした四技能学習をのせることができれば、高三の夏休みまでに白うさぎを捕まえることは十分に可能です。白うさぎをしっかり捕まえられれば、大学合格の黒うさぎは、調整さえすれば、そのつぎにしっかり捕まえられます。逆に、黒うさぎばかり追いかけていると、4技能の白うさぎを捕まえられなくなってしまいます。**白黒どちらのうさぎを先に取るかで、二十歳以降の英語力の明暗を大きく分けることになると思います。**

「白うさぎをまず確保してから黒うさぎを捕まえにいく」というのは、**予備校で30年以上、大学受験英語を教えてきた私がたどり着いた現実的解決策です。難しいことですが、ここが勝負の分かれ目です。**

白うさぎと黒うさぎを追うとはどういうことか

ではここで、高校の英語学習に関する「白うさぎと黒うさぎ」について、改めて整理してみましょう。

高3の夏までは白うさぎ（4技能習得）を捕まえることを目指した勉強をします。そして、高3の2学期からの半年は黒うさぎを捕まえる（大学合格）勉強をする。

4技能習得は、今までやってきたことの延長です。**高校1、2年のうちに英検でいうところの2級、CEFRのB1レベル**（仕事、学校、娯楽などで普段出会うような身近な話題について、標準的な話し方であれば、主要な点を理解できる。その言葉が話されている地域にいるときに起こりそうな、たいていの事態に対処することができる。身近な話題や個人的に関心のある話題について、筋の通った簡単な文章を作ることができる／ブリティッシュ・カウンシル、ケンブリッジ大学検定機構より）を目指します。そして前述したとおり、高3の夏休みまでに英検準1級、B2レベルにまで到達しておくのです。

国立大学の第1次試験は2021年1月から、センター試験にとって代わるかたちで共通テストが始まりました。**共通試験の英語試験の内容はセンター試験とは大きく異なっていて、2技能ではありますが、その内容は、英検やTEAP（高校生を対象とした英語能力検定試験）などとあまり変わらなくなっています。**リスニング、リーディングが各

100点ずつの試験には、**日本特有の並べ替え、発音、文法問題が出題されなくなりました。**純粋なリスニングとリーディングの問題だけとなり、さしずめ、文法問題がないTOEICテストの大学受験版といった内容になっています。内容も「大学で講義を受けている」「友人同士で環境問題について議論している」など、大学のキャンパスで遭遇するような場面を想定した設問になっており、センター試験に比べるとかなり**実用的な試験**にさま変わりしています。

この共通テストは、CEFRに準拠するよう努力して作成されています（176ページの対照表参照）。

英検2級取得で、大学の共通テストは平均ライン

共通テストを実施する大学入試センターが公表しているところでは、A1からB1レベルまでのリーディングとリスニング力を測っています。つまり、**英検3級から2級レベルまでをぶち抜きで作成している**ことになります（176ページの対照表参照）。

また、**共通テストは英検の2技能部分との親和性が高くなっています。共通テストの問**

おもな英語の資格・検定試験とCEFRの対照表

／文部科学省の資料（2018年3月）より抜粋

CEFR	C2	C1	B2	B1	A2	A1
ケンブリッジ英語検定	230-200	199-180	179-160	159-140	139-120	119-100
	(230) C2 Proficiency (180)					
		(210) C1 Advanced (160)				
	各試験CEFR算出範囲		(190) B2 First / for Schools (140)			
			(170)	B1 Preliminary / for Schools	(120)	
					(150) A2 Key / for schools (100)	
実用英語技能検定 1級～3級 □は各級合格スコア	各試験CEFR算出範囲	3299-2600	2599-2300	2299-1950	1949-1700	1699-1400
		(3299) 1級 (2304)				
		2630	(2599) 準1級 (1980)			
			2304	(2299) 2級 (1728)		
				1980	(1949) 準2級	
					1728	(1699) 3級
						1456
GTEC Advanced・Basic・Core・CBT	各試験CEFR算出範囲	1400-1350	1349-1190	1189-960	959-690	689-270
		(1400) CBT (270)				
			(1280) Advanced (270)			
				(1080) Basic (270)		
					(840) Core (270)	
IELTS	9.0-8.5	8.0-7.0	6.5-5.5	5.0-4.0		
TEAP		400-375	374-309	308-225	224-135	
TOEFL iBT		120-95	94-72	71-42		
TOEIC L&R/ TOEIC S&W		1990-1845	1840-1560	1555-1150	1145-625	620-320

※カッコ内の数値は、各試験におけるCEFRとの対称関係として測定できる能力の範囲の上限と下限

○表中の数値は各資格・検定試験の定める試験結果のスコアを指す。スコアの記載がない欄は、各資格・検定試験において当該欄に対応する能力を有していると認定できないことを意味する。

題のほうが英検よりずっと複雑なので慣れはいりますが、求められる英語力は似ています。また、英検には共通テストにはない語彙問題が多く含まれますが、これらもうまく活用すれば共通テストのための語彙力養成となります。

私から見ると、共通テストのリスニングの最後のほうの問題はB2レベルに近いと思います。ですから、共通テストでより高得点を取りたいと考えるのであれば、リスニングに関しては、B2(準1級)レベルを目指すことをおすすめします。準1級を取得できれば、白うさぎの確保と共通テスト高得点を同時に完了することができます。

白うさぎを確保したら黒うさぎを追え!

白うさぎをしっかり捕まえたら、つぎは短期集中で黒うさぎを追いかけます。

国立大学の第2次試験では、難解な英語を日本語に翻訳したり、文献を解釈して日本語で説明したりするような問題が出題されます。また、難関私大でも、ネイティブの教養人が読むような、大人の予備知識を必要とする記事が抜粋されて出題されることも多いです。問題なく英語を使いこなせる帰国子女でも、順応しなければこれらの問題をすぐに解くことは難しいでしょう。

けれども、うまくやればできないことはありません。**黒うさぎを捕まえる=合格するには満点ではなく、一般的に6~7割取ればいいのです。**夏までに白うさぎ捕獲者になれていれば、半年あれば十分間に合います。

この「二兎追い学習法」を実践した私の教え子の多くも、難関大学に合格しています。

良い指導者を見つけよう!

「良い指導者に出会えるかどうか」は英語学習において重要だという話をしましたが、高校でもどんな先生に当たるかはやはりとても重要です。ふつうは別々の先生が、コミュニケーション英語、英語表現、英会話などをそれぞれ教えていて、そうなると1週間に2、3人の先生から英語を習うことになるのです。さらに学年で別の先生に変わることも多々あります。

先生方の指導方針が統一されている場合はいいのですが、そうでないことも多いです。こうなると教わる側はかなり振り回されることになります。

コミュニケーションを重視し、**自らも英語を話すとともに、耳と音の訓練を積極的に行う先生に当たり続ければ幸運です。**この場合、学校英語は「宝船」です。この船に身を委ねて、英語という大海原をひたすら航海し続ければいいだけ。苦労せずに白うさぎも黒うさぎも捕まえられます。

けれども、黒うさぎを取ることしか頭にない先生の指導に1年から当たってしまった場合は大変です。白うさぎに逃げられるのはもちろん、おそらく黒うさぎの確保にも苦労することになります。

「積極的に英語を話す先生なの？」「先生は受験英語ばかりを重要視するタイプ？」などといった質問をして先生の授業傾向を聞き出し、もしまずいと思ったら、親が船頭となり、大きく舵を切り直してください。そのための具体的な勉強法は第4章でお話しします。

当然のことながら、塾や予備校でも同じです。どちらのタイプの先生に当たるかで状況は大きく変わってきます。

高校でカバーするCEFRのレベルは、A2～B1もしくはB2あたりですが、このレベルは、将来、英語を使いこなしていくうえでも非常に重要です。大学生以降、留学して授業やニュースを理解して発言をするといった学業にはもちろん、資料を読み込んで英文でメールを書き、会議に参加してプレゼンや交渉をするといったビジネスにも必要となる英語力に大いに関係してくる部分となります。A2～B2あたりの英語は、留学や仕事、社会人生活に必要な英語力となるのです。

つまり、**「大学生・社会人になってからの核になる英語」のベースを築くのが高校英語**なのです。中学英語ももちろん大事ですが、ノンネイティブとして恥ずかしくない英語を将来使っていくためには、高校で学ぶ英語は必要不可欠なのです。

30年以上指導してきた大学受験対策の予備校教師が行き着いた最善の学習方法

繰り返しになりますが、高1、高2、そして高3の夏までは白うさぎの習得に全力を尽くせば、相当バランスのとれた英語力が身に付きます。それにプラスして、**難関大学にも入学できる下地も完成します。紆余曲折を経て、今では私は**この信念のもと指導をしています。

ディスカッション、留学、海外の学生との交流といった大学生活で必要となる英語のコミュニケーション能力はどうでもよく、わが子にいい大学に入ってもらうためだけに受験で出題される英語だけをやらせる、もしくは翻訳者や、英語学者に育てたい。そのような方針ならば、私とは目指す方向が違いますから、この本でお伝えできることは何もありません。

4技能のスキルがバランス良く身に付き、将来、英語で立派にコミュニケーションがとれる若者を輩出するという目標に基づいて私はお話をしています。外部環境はなかなか選ぶことができませんが、大切なのはやはり目標をしっかり定めることです。最終的には、親子が同じ信念を共有して、大学受験の荒波を乗り越えていくことが肝心です。

エキスパートとの
特別対談
3

大学での英語編
安藤文人先生

安藤文人先生
早稲田大学文学学術院（文化構想学部）教授。同学術院の英語教育、カリキュラムの運営と設計に長期間にわたって携わってきた。また、大学入試における４技能強化にも尽力するなど、英語教育改革を推進。英語関係の著書に『院単』（ナツメ社刊）、『アウトプットに必要な基本英語表現』（J. バーダマンとの共著／研究社刊）などがある

安河内　大学受験を控えた高校生に英語を長年教えている私ですが、ここ10年ほどは日本の大手企業のグローバル英語研修を担当させてもらうことも多いです。超難関大学を卒業して一流企業でバリバリ活躍する30〜40代のエリートビジネスパーソンもたくさん研修に参加してくださるのですが、**びっくりするほど英語が話せない**のです。いきなり大きな質問になってしまいますが、日本の大学を卒業しても、英語はできるようにはならないのでしょうか？

安藤　一概に語るのは難しいかもしれませんね。各大学で英語への取り組みは大きく異な

ります。例えば、上智大学の言語教育研究センターのホームページを見ると、大学で行う英語教育の内容と、学生が獲得すべき英語力の目標が明確に掲げられています。私ども早稲田大学文化構想学部と文学部では、学部内では目標を示していますが、まだ学外への公表はできていません。大学で学ぶ英語の目標をしっかり掲げた大学は意外と少ないのです。カリキュラムの存在意義と目標到達地点を社会に対して公表しつつ、全学的にバランスのとれた英語教育ができている上智大学は、異例中の異例といっていいでしょう。

大学によっては、日本語オンリーの英語の講義もある

安河内　なるほど。ふつうに大学を卒業しても、なかなか英語が使えるレベルには至らない現状がある中で、ホンモノの英語が習得したいならどの大学がいいのかを見極める必要がありそうですね。大学のパンフレットやホームページを見ると、**どの大学も「グローバル」というワードを掲げています。**その一環として「英語教育にも力を入れ」と判で押したように書かれている。どの部分を見れば、グローバルに通用する英語が本当に学べる大学や学部を見分けることができるとお考えですか?

安藤　ご両親もオープンキャンパスに行って、「すみません、英語の授業は英語で教えているのでしょうか？」とまず聞いてみることですね。もし英語では教えていないという回答だったら、**「今は中高でさえ英語で教えることになっているはずなのが、大学でありながら英語で教えないのはなぜですか？」**とさらに尋ねてみてください。そこでの回答が納得のいくものかどうかは判断材料になるでしょう。

安河内　中高の先生たちは、多少なりとも英語で話す努力をしている。そんな英語の授業を受けてきたのに、まさか大学の英語の授業がすべて日本語で行われているところもあるなんてちょっと信じられないかもしれませんね。

安藤　私も授業参観をして回ったわけではないので詳細はわかりかねますが、カリキュラムを見る限りでは、教師が日本人の場合、**ほぼ日本語オンリーで英語の授業をする大学は少なからずある**と思います。

安河内　大学教育ですから、ある程度は学生も英語ができる前提で授業が行われているはずなのに、ほぼ日本語で、というのはどういうことなのでしょう？

安藤　基本的に日本人の教員は日本語で教え、ネイティブの教員は英語で教えるというのが主流なのだと思います。

安河内 なるほど。では、大学を選択するときのチェックポイントとして、日本人とネイティブの先生の割合を確かめることも重要ですね。

大学の講義でTOEIC対策

安藤 そうですね。比率は調べる価値があると思います。**日本人の先生が日本語で授業をするのは、TOEICのような試験対策の授業が増えてきている実情もある**ように思います。決して試験対策を否定するわけではないのですが、どうすれば試験で点数が取れるかというテクニックだけを、日本語のみで教える授業ばかり大学にあるのは考えものです。

安河内 ここでのTOEICとは、よく就活で必要となる、リスニング、リーディングの2技能だけを試す、ペーパー試験を指しているわけですよね?

安藤 はい。

安河内 大学のカリキュラムの中でそのTOEIC対策をやる授業があると?

安藤 はい、多くなっています。

安河内　ＴＯＥＩＣは学生が勝手に受験するものだと思い込んでいたのですが、早稲田大学でもＴＯＥＩＣ対策の授業があるのですか？

安藤　あります。私の学部にはありませんが、ほかの学部にはあります。

安河内　ＴＯＥＩＣ試験はビジネス英語が中心ですから、商学部や経済学部で利用するのはわかりますが、それ以外でも広く授業になっているのは、就活時にいいスコアを提出しなければいけないプレッシャーからでしょうか？

安藤　それもあるでしょう。大学英語の教科書を専門とする出版社のカタログなどを見ると、ＴＯＥＩＣ対策用のものもかなりのボリュームになります。

20年ちょっと前までは、私自身が授業で教えていたのは英文和訳でした。「講読」という名の授業です。有名な作家の文学作品や随筆などを読んで、学生に和訳させ、それを直す授業を延々と続けていました。大学の教員は英文科の出身が多くて、自分がよく読んでいた英語の小説や、研究対象としていた小説ばかりを授業でも読むことが多かったのです。こういったスタイルは批判を受け、もっと実用性をもたせるべく改革が進められ、その結果、教科書のカタログを見ると異文化コミュニケーションや比較文化、世界事情、エコロジーなど明らかにテーマは変わりました。ですが、相変わらず授業の内容は講読のまま、という実情もあります。

どうしても突破できないのは、**日本人が日本語で教えるという壁**です。TOEICのリーディング部分なら、実用的でありながら、かつ日本人が日本語でも教えられるという考えもあって、TOEICを教える授業ができたのです。さらにいうと、受講する学生も、TOEICをやっていると不平を言わない。

安河内　就職に役に立ちますものね。

安藤　そのとおりです。TOEICをやっていると、勉強した気分にもなりますしね。決してTOEICをけなしているわけではありません。大学で教える実用英語の落としどころがTOEIC対策だったということです。

安河内　TOEICは、1980年あたりから始まり、当初はリスニングとリーディングだけでした。しかし2技能だけでは英語力が正しく測れないということで、今世紀に入ってスピーキングとライティングのテストも誕生しました。現在では4技能のテストがそろっています。しかし大学の教科書カタログに載っているような、大学で活用されているT

ＯＥＩＣは、リスニングとリーディングだけを指しているという認識で間違いないですか？

安藤　はい、間違いないと思います。私のところが今のような４技能統合型のスタイルになったのは２００４年からなんですが、それまでは、選択科目でＴＯＥＩＣ対策をやっていたんです。学生の履修希望も多くて人気科目でした。

安河内　リスニングとリーディングに特化した対策の授業が人気なのは、企業の採用担当者が、２技能の９９０点満点のＴＯＥＩＣだけを選抜対象にしているからにほかならないでしょう。ＴＯＥＩＣに新たに加わったスピーキングとライティングや、英語でできることが明確に定義づけられた英語力の指標の世界的スタンダードである「ＣＥＦＲ」が活用されていない。こんな企業側の認識の甘さが大学をもろに直撃してしまっているともいえます。企業が発話能力を試さないために、大学でも学生が重要視しないという構造ができあがってしまっている。

安藤　はい。大学入試を全面的に４技能化する改革は頓挫してしまっていますが、目標となる〝出口〟はやはり大切です。大学入試という出口を変えることが無理なのであれば、大学卒業後の就職を新たな出口にしてしまうのもひとつの手です。就職の面接に英語が一部でも導入されるようになれば、劇的に変わると思います。

安河内 大学在学中に英語のスピーキングに目が向くようになりますものね。英語のコミュニケーションやスピーキング能力の評価は、早稲田の文化構想学部や文学部ではどう行っているのですか?

安藤 個別授業での評価になります。1年時は必修科目、2年時以降は選択科目になりますが、選択英語ではリスニングとリーディング、ライティングとディスカッションにわけて技能別に力を見ていきます。**授業はすべて英語で行います。**オックスフォード大学出版局やケンブリッジ大学出版局など、海外の教科書会社の教科書を使っていると、リーディングの授業でも必ずスピーキングの要素が入ってくる。読んだ題材について授業中にディスカッションをすることになるので、おのずと4技能が含まれるのです。そういった授業の中で総合的な評価を下すことになります。外部試験を導入して評価するようなことはしていません。

授業や課題で必然的に4技能を使っているので、成績の評価を下す際も課題のでき栄えに重きを置いているといえると思います。

安河内　4技能＋コミュニケーションという総合的な英語の能力が判断・評価されているわけですね。

安藤　そうです。

留学は学生に不利になるのか？

安河内　留学についても聞かせてください。海外の大学で正規の課程を履修しようとすると大学からの推薦や大学間の提携関係だけではなく、「TOEFL iBT®テスト」をはじめとした外国語能力を証明するテスト結果の提出が求められます。これらのテストの点数が取れなくて学生が苦労する、ということはないですか？

安藤　当然あります。正規留学に必要な英語力を得るために、まず短期留学をする学生もいます。2年の夏に短期留学しサマーコースに通い、3年で正規留学をするパターンが多いですね。

安河内　早稲田は文科省から、国際化を徹底的に進める高等教育機関のひとつとしてスーパーグローバル大学（ＳＧＵ）と指定され、財政面での支援を受けていますから、学部生には交換留学生として正規留学をたくさんしてもらいたいという事情もあると思います。留学実績をつくることに躍起となるＳＧＵは、短期語学留学や体験留学やサマーセッションなど、４技能テストのスコアを必要としないものまでも「留学」にカウントしてしまいがちで、テストの厳しい壁が設けられている正規留学とはまったく異なるものです。早大の文化構想学部・文学部では、正規の留学は何人ほど行っているのですか？

安藤　正規留学の数は年によってかなり違うのですが、平均で年50人ほどですね。

安河内　すばらしい数字じゃないですか！

安藤　いえいえ、２つの学部を合わせたら1学年１５００人、４学年で６０００人もいます。その中で正規で行っているのが50人ほど。しかも、英語圏だけでなく中国なども含んだ数です。

安河内　海外の大学の授業を正規で履修したいと希望している学生の数が年間50人しかいないとは考えられないので、英語のハードルの高さで断念せざるを得ない現実があるのでは？

安藤　そうですね。それとは別に、だいぶ努力して変えてきてはいるものの、留学しにくい要素が大学の仕組みの中にあることも影響している気がします。最近は4年で卒業したいと考える学生がほとんどです。ですが留学先で専門外の授業を履修してしまうと単位とは認められず、卒業までに4年以上かかってしまいます。

安河内　学生にとって1年間の留学は、とてつもなくハードルが高いのですね。

安藤　はい。今の世の中の流れとしては、大学の4年間の中に就職がスケジュールとしてきっちり組み込まれているのです。例えば2年か3年でインターンを行うことが主流になっている。1年留学するとなると、インターンを行うスケジュールから外れてしまう。これを非常におそれる学生が多いのです。

しかし逆に、この制約を振り切ってしまうという考え方もあります。外資系企業などはすでに通年採用をしているところもありますし、**コロナの影響で従来の採用スケジュールにこだわらない企業がより増えることも考えられる**ので、就活の流れを気にせず正規留学を真剣に検討するのもいいと思います。

特別対談：×安藤文人先生

グローバルキャリアを選択できるメリット

安河内 グローバルキャリアを選択する学生もいると思うのですが、実態を教えてください。

安藤 文化構想学部にはJCulp（Global Studies in Japanese Cultures Program：国際日本文化論プログラム）という、英語による学位取得プログラムがあります。日本人15人と海外の高校を卒業した外国籍の学生15人の計30人が、英語で日本文化を一緒に学ぶのですが、所属する学生は、**コロナ禍の2020年も順調に進路決定を進めることができました。**報告を聞いて感じたのは視野の広さです。彼らは就活でのアプローチが英語でできますし、面接が英語でも別に構わない。アメリカで働く日本人向けに毎年ボストンで開かれるジョブフェアに単身乗り込んでいった学生もいました。**高い英語力があれば、希望の業種、職種について世界を見渡して就活できる**のです。

安河内 外資系企業の中には、日本のスケジュールに従わずグローバルに採用するところもあります。英語で問題なくコミュニケーションができれば、日本のスケジュールに合わせた企業とは別に、世界のリクルーターと直接コンタクトをとっての職探しも可能になりますね。

英語の4技能ができる学生は総じて優秀

安藤　ひとつ申し上げておきたいのは、大学の英語のカリキュラムが教員の都合で決まっている比重が大きいという事実です。**英語で教えられない教員は、英語で教えなくても済むことを探してそれを科目の内容にしている、**そんな実態があるのです。

安河内　大学の授業にも現実が横たわっているのですね。進学を検討する大学の英語の授業がどんなものなのかを知るのにいちばん役立つのが、**大学入試の英語の問題**です。文化構想学部と文学部に限っては、英語の4技能を総合的に、英語を英語として勉強している受験生が受けやすい入試問題を出していますよね。**つまり極度に難解な文法や和訳など、マニアックな英語を勉強しなくてもいい。**

安藤　はい、外部の4技能テストを利用するタイプの試験がそうですね。

安河内　とはいえ、早稲田大学が独自に作成している一般の入試枠のほうがまだ大きいわ

特別対談：×安藤文人先生

けですよね？

安藤　はい、大きいです。

安河内　一般入試の英語の問題は、難解でマニアックな問題だと思いますか？

安藤　マニアックではないですが難解ですね。語彙レベルを見ても、高校英語のレベルを完全に逸脱しています。難解すぎる問題を是正しようと努力もしてきてはいます。ただしその一方で、入試は選抜の道具ですから点数で差が付かなければ困る側面もあるわけです。問題を易しくしたのでは差は付きません。そこでどうするのかというと、問題量を増やすことになります。

安河内　早稲田の一般入試の英語の試験は、リーディングとライティングだけですね？

安藤　はい。ライティングの出題はほんの少しです。

安河内　一方、**事前に受けた外部の4技能英語テストのスコアを提出する方法を選択して受験することもできる**そうですね。安藤先生が以前あるプレゼンでおっしゃったことで印象的だったのは「4技能受験と一般受験の両方で受験をした人は、一般入試の英語でも高得点をとって合格をしている」というお話です。結局4技能の勉強をしているほうが、一般入試でもいい結果を出しているわけですね。

安藤　ちなみに入学後も、4技能の試験で入学した学生のほうが、英語だけに限らず、総じて成績がいいです。

安河内　受験であってもまんべんなく4技能を勉強すべきだということですね。早稲田の例を見ると、高校でしっかり4技能を勉強した生徒は一般入試においても優勢である。こうした現状を冷静に見たときに、早稲田の文化構想学部と文学部では、受験生にも入学後の学部生にも「4技能を勉強してほしい」というメッセージをもっているという理解で正しいですか?

安藤　英語カリキュラムを担当する者としては大いにイエスです。**この2つの学部は、入学後の英語教育はすべて4技能ですし、英語の授業もすべて英語で行われます。**ですから、4技能の勉強をしていないと入学してから苦労することになります。

安河内　それなら4技能試験に1本化すればいいのでは?

安藤　そうですね。私も4技能枠を増やそうとはしているのですが、私立ですので、4技能の高いレベルの条件を付けて果たして受験生がこれまでと変わらず集まるかどうかも考えなければなりません。定員のおよそ10倍の受験生がほしいのですが、集まるのであれば4技能に完全シフトしていいと思います。

安河内　この2つの学部は魅力的で、受けたくなりますよね。

安藤　**入試はメッセージです。**どういう問題を出すかは、大学からのいちばん強いメッセージです。大学での勉学に向けてどう準備してほしいかの表れなのです。というわけで親御さんには、入試の内容もしっかり見てほしいと思います。問題の指示文が日本語で書かれていて、文法の並べ替えや穴埋め、英文和訳などがたくさん出題されているようなら、そのことがひとつの目安になると思います。

安河内　問題はその大学の英語の先生が作成していますから、問題の出題方針通りのことを大学の授業でもやっているということですものね。

安藤　そうなんです。リーディングといっても穴埋め、4択をする。あるいは昔どおりただ和訳するだけ、という授業はまだ少なくありません。

安河内　入試問題を見れば大学がどういう授業をやっているかはわかるわけですから、自分がやりたいような内容の英語を入試で実施している大学を志望しましょうということですね。

安藤　そのとおりです。4年間を過ごすわけですから大事なことです。入試で試された力を4年後、もっと高いレベルに引き上げたいかをじっくり考えてほしいですね。

AI時代に必要な英語力とは……？

安河内　必要とされる英語力としての和訳の重要性は急速に薄れてきています。「DeepL」というAIの翻訳サービスがあるのですが、これに『Newsweek』の英語記事をコピペすると、ほんの一瞬で和訳が表示されるんですね。この翻訳のレベルは年々驚異的に上がっていて、入試問題で出題される英文をDeepLに貼り付けると、多くの大学の合格ラインを超える和訳が数秒で出てくる。こんな時代ですから、和訳・英訳問題以外の発信型の英語を問う入試が一般化してほしいと思っています。

安藤　確かにそうですね。和訳問題を出す大学は、全体的には縮小傾向にあるはずです。ただそんな中でも、プロの翻訳者に求めるようなハイレベルな和訳問題を出すところが有名国立大学にもあります。

特別対談：×安藤文人先生

安河内　大学の授業は入試問題の延長線上にあるので、**過去問の内容をしっかり吟味する必要があると思います**。

安藤　そうですね。いちばん手っ取り早い見分け方は、**問題の指示文が日本語で書かれているか英語で書かれているか**ですね。

安河内　日本語で指示文を出す大学は、入学後も英語の先生が日本語で説明し、学生も日本語を使う授業をやるということですね。大学の英語の授業内容は入試の問題内容を見れば一目瞭然というのは、企業に対しても同じことがいえるかもしれません。いまだにTOEICのリーディングとリスニングのペーパーテストのスコアだけを人事の基準にしているような企業は将来性に疑問を感じます。一方で、TOEICでも、スピーキングテストを積極的に取り入れているような企業は将来性があると思います。

安藤　同感です。**コロナ下ではっきりしたのは、現地に出向かなくてもオンラインで世界中と会議ができてしまうこと**です。そしてオンライン会議で全員が話せる言語が英語であれば、すぐ英語に切り替えられないとダメな時代にすでに突入したことも明らかになりました。

安河内　メールも社内文書も翻訳機がやってくれる時代がやってくる中、会議で話を聞いて応答したり、意見を発表したりするといった瞬発力を要する英語のコミュニケーション力を就職試験で試す会社なのであれば、今後グローバルに展開し発展していく可能性が高いと思います。日本のマーケットが縮小し、国内だけで勝負することは年々厳しくなっている。東南アジア、中国、インド、アメリカなど海外に出ていける企業でないと成長するのは難しい。そんな状況で**日本企業が多くの社員に求めるべき英語力は、スピーキングとリスニング、そしてコミュニケーション、交渉といった能力**です。ですから、そういった学生を求めて入社試験を実施している企業を志望し、採用されるために必要な英語力を身に付けておくと良いでしょう。

安藤　英語でのコミュニケーション能力が高い社員を積極的に補充している企業には、中国や韓国からの留学生を採用する傾向が強くなってきているように思われます。必ずしも日本人から新入社員をとる必要はないという時代になってきています。じつは早稲田大学にも外国人学生が80パーセント以上を占めるような大学院があります。ほとんどが中国からの留学生です。その教員からお聞きしたところでは、「英語が基本の授業中は中国語が

特別対談：×安藤文人先生

話されることはたまにあっても、日本語でしゃべることは全然ない」とのことでした。世の中の流れにすでに対応している場所では、そんな状況になっている事実を、親御さんにもしっかり知っていただきたいですね。

安河内　日本の大学院がそこまで進んでいるとは知りませんでした。

安藤　授業をオールイングリッシュで教えてみてよくわかったのが、**中国や韓国からの留学生の英語力の高さ**です。しゃべることに関しては彼らがクラスでトップなんですね。今ではあまり使われない構文などはまず知らないので、文法だけならひょっとしたら日本人のほうができるかもしれません。ですが、韓国、中国の留学生にとっては英語のスピーキングは当たり前のもので、話すことに何らためらいがない。日本人学生との差は年々拡大しているように感じます。

安河内　日本人にとっては厳しい状況ですね。ふつうに大学を卒業してもＺｏｏｍの英語会議で苦労しているのが実情です。グローバル化や入試改革、そしてコロナによって、新しい流れにのっている大学と止まっている大学の差が明確になってきていますから、通う大学によってその後のキャリアも変わってきそうですね。

安藤　そのとおりです。だからこそ大学は吟味して選ぶ必要があるのです。今後仕事で求められる英語は、オンライン会議で参加者の発言を理解して、資料を読み込んだうえで質問をしたり、意見を述べたりする力です。つまるところ、瞬時に会話する力です。「この店カード使えますか?」と尋ねられて「いいえ、使えません」と応えたら、「じゃあいいですぅ〜」と客が去っていく決済サービスのCMを見るたびに、これは近未来の日本のことだと思うのです。「オンライン会議、英語でいいですか?」と聞かれて「あ、すみません。ダメなんです」と返したら、「じゃあいいですぅ〜」となる。英語ができないことでとほうもないビジネスチャンスが消えていってしまう……。

安河内　まさにそういう時代ですよね。塾や予備校、大学入試といった日本の仕組みだけを見るのではなくて、世の中全体の流れを見て、子どもの英語教育のあり方を親も決めていくべき時代なのかもしれません。

安藤　そうですね。就職、将来のキャリアにつながる実践的な英語を身に付ける重要性は、どんなに強調してもしすぎることはないでしょう。ただそれとは別に、言語教育において4技能の重要性を説く立場からすると、「話せると楽しい」というのがやはり根底にあります。ビジネスに限らず、「じゃあ、とりあえずみんなが話せる英語で話そう」となって、世界のさまざまな地域の人と一緒にワイワイやりながら意思の疎通を図るのは、このうえなく楽しいことだと強調したいですね。

アフターコロナ――オンライン授業のこれから

安河内　安藤先生のような熱い先生がいて、変わっていかなきゃと絶え間なく動き続ける大学は最高ですね。どの大学も一様にリモート授業をしているといっても、大教室でやっていたような一方的な伝達型の教え方を引き続きやっている場合もたくさんいることでしょう。一方通行では学生も大変ですね。

安藤　正直言いますと、コロナ禍でリモート授業になった当初は、私も事前にかなり準備して作り込んだ、テキストに沿った内容の講義を英語でやっていたのです。ところが学生からメールが来て、「せっかくみんながオンラインで集っているのに、どうしてしゃべる時間がこんなに少ないんですか？」と抗議されてしまって（笑）。大いに反省しまして、教科書の問題を解くのはすべて予習とし、授業中は教科書にあるスピーキングのトピックを利用して、とことん話をする時間にしました。学生からはとても好評です。

安河内　教室でやる知識伝達型の授業をオンラインでもやるのなら、わざわざライブでやらなくてもいいですものね。録画した講義を各自好きなときに見ておきなさいで済んでしまいます。

安藤　確かに。Ｚｏｏｍによる授業だと、マスクをせずにガンガン話せます。しかも**話している人間が大きく映し出され口の形もよく見えるので、言語指導という面でも大きなプラスとなります。**それに、大教室でプロジェクター投影して、「後ろの人、見える?」なんて聞いていたのが一発で共有できる。ライティングでも例文を画面で共有してポインターで指しながらやると、すごく集中して学べると好評です。

安河内　大学の授業もこれから必ずハイブリッドになりますよね。２００人が入る大教室で、壇上から先生が教える授業はもう下火になるでしょうね。

安藤　本当にいらないです。早稲田大学では総長あたりからも、ハイブリッドという考え方が出てきています。オンラインで講義を受けるもうひとつの利点は、講義中にわからない箇所が出てきたら、学生はすぐにパソコンで調べられるところです。コロナというやむを得ない事情によってではありますが、**変革のスピードは間違いなくアップしました。**教育のうえでは大きな変革の機会になったのは間違いないと思います。

安河内　本当ですね。10年ぐらい前からやらなきゃと言っていたのに怠けてできてなかっただけですものね（笑）。

安藤　ケンブリッジ大学が今年は全部オンラインの授業にするとずいぶん早い時期に宣言して、教員にコンテンツを作らせていました。いずれは、**オンラインによって世界進出をする計画じゃないでしょうか。**うかうかしていると早稲田もつぶれるよと、私は言っているんです。

安河内　そういう世の中になりますね。**多額な費用を支払って長期間現地滞在せずとも、すべてオンラインでインプットが完結する**となれば、これほど利便性が高いものはありません。

安藤　ええ。サークルなど社交の場としても大学の存在は貴重です。ただ将来的には、**複数の大学で取得した単位を1枚の紙に成績としてまとめて企業に提出する時代がやってくるかもしれない。**早稲田、ハーバード、オックスフォードと、国内外問わず複数の大学の授業を履修することができ、その単位と成績が総合的に評価されるとか……。どうなっていくかは未知数ですが、ひとつだけはっきりしているのは、**中心にある言語は英語だということ。**

安河内　そうですね。英語は大学の生き残りのひとつのキーポイントでしょうね。新しい大学も出てくるだろうし。今の序列のままずっといくことはないでしょう。安藤先生、本当にありがとうございました！

安藤　こちらこそ！　楽しかったです。

第3章

じっくりゆっくり&楽しく!
二十歳までの英語学習ロードマップ

私の英語
History 3

発音で苦労した大学生時代

予備校で教えてもらった先生のすばらしい英語の発音は、授業中は先生の音を真似することができても、自主練のお手本となる音声教材はその当時はありませんでした。また、発音記号や発音の基礎についても、それまで習ったことがなかったのです。そのため音読は、かなり我流のデタラメな発音でやっていました。

高校時代に頻出発音リストのようなものは渡されていましたが、記号は読めない状態。正しく発音できない単語にもかかわらずつづりと意味を覚え、問題を解いていたんです。このため大学受験では発音問題の攻略法がわからず、まったく歯が立ちませんでした。

発音問題ができるようになったのは、自分が予備校で教えはじめるようになってから。

大学在学中に英検1級をとってからも、しばらく発音問題はできなかったくらいです。発音はデタラメでも、当時ほとんどの大学受験でリスニングの問題はありませんでした。私が受けた大学でリスニングの試験があったのは、母校の上智大学だけでした。

しかも、二次試験で実施されたそのリスニング試験は合否には関係なく、入学後のクラス分けの目的で行われていたようです。お手本なしのデタラメ音読をしていただけですから、私のリスニング試験の点数はかなりひどいものだったはずです。そもそもどこから問題が始まっているかさえよくわからないほどでした。合否判定に使われていたら、きっと合格はしていなかったでしょう。

結果的には、予備校で当たった先生が良かったおかげで、一浪しての大学受験はうまくいきました。ペーパーテストの英語はどの大学でもよくできた手応えがありました。

大学に入ると、周囲は帰国子女や発音の良い人ばかり。しかも授業はすべて英語です。デタラメな音読をしていたツケが回り、授業で先生が何を言っているかさっぱりわかりませんでした。

授業にはまったくついていけない。周囲のクラスメイトはきれいな発音で英語を話している。こちらは、九州なまりのめちゃくちゃな英語。そんな私の英語を耳にして、びっくりされたり、戸惑う反応を受けたりしたこともありました。日本語さえも標準語がうまくしゃべれずに苦戦していた時期です。大学入学と同時に、日英両語で大きなコンプレックスを抱える羽目になりました。

大学に入りたてのころは最高潮に達していたやる気も減退し、ゴールデンウィーク明けには5月病にしっかりかかり、その後1年ほど引きずって、悶々とした日々を過ごしました。現実逃避ではないですが、1年の残り、そして2年生の前期は、アルバイトする以外はひたすら遊ぶ日々。当時の日本の大学生の典型のようでした。

親のスネをかじって、東京で一人暮らしをしながら大学に通わせてもらっているのに、どうやら自分は英語学科に在籍しているにもかかわらず、英語ができるようにはならないらしい。万が一卒業はできたとしても、英語ができないのではあまりにも情けない。このままではダメだと改心したのが2年のときでした。

改心してもどうしていいかはわかりませんでした。そこで私は、当時まことしやかにさ

私の英語History 3

さやかれていた都市伝説を、信じてみることにしたんです。それは、「アメリカに行けばしゃべれるようになる」というものです。

地方から浪人して外国語学部に入った私からすると、帰国子女の英語は、「なんであんなにうまかとかね～」と畏怖の対象でした。そして、「アメリカに行きさえすれば、ああいうふうになれるらしいよ」といった噂は、知らない人はいないくらいに有名な都市伝説になっていたのです。

アメリカに行きさえすれば英語が話せるようになるなんて、今では誰だって迷信だとわかりきっています。しかし当時私は、「ひょっとしたらホントに、渡米さえすれば脳の構造の変異か何かがいきなり起こって、突然話せるようになれるのかも!?」と期待半分思っていたフシがあったのです。ビザがまだ必要でしたし、アメリカ旅行の敷居が高かったことも少し影響しているのかもしれません。

改心してまじめに英語を学ぶことを決心した私は、結局どうすればいいかわからず、バイトしてためた貯金で、2年の夏休みにアメリカへと放浪の旅に出ることに決めたのでした（「私の英語History 4（310ページ）」に続く）。

第4章

お父さん、お母さんが
英語が苦手でも大丈夫！

自宅で実践！
英語勉強法

第3章では、子どもが二十歳になるまで、各年代でどんなスタンスで英語学習に向き合ったらいいのか、そのロードマップを説明してきました。そして、4技能（リーディング、リスニング、スピーキング、ライティング）をバランス良く習得する（＝白うさぎを捕まえる）ことがいかに重要かをご理解いただけたのではないかと思います。

この章では、中学生以上になった子どもに4技能をマスターしてもらうために、自宅で無理なく実践できる学習法をお伝えしたいと思います。親御さんに英語コンプレックスがあっても、これらを知っておけば、子どもにアドバイスする際に間違いなく役に立つので、ぜひ参考にしてください。

1 リーディング

リーディングオンリーになってはいけない

まずは、リーディングからいきましょう。

その前に、英語学習には欠かせない二本柱である、「インプット」と「アウトプット」についてお話ししたいと思います。インプットはリーディング、アウトプットはスピーキングがそれぞれの要といっていいでしょう。

おそらく日本人の多くが、英語をうまく使いこなす域までなかなか到達できない理由のひとつには、**長い間インプット（リーディング）ばかりをやり続けて、結局アウトプット（スピーキング）する機会がめぐってこない、という事実があるでしょう。**

「学生時代は読解をしっかりやって、社会に出てからスピーキングをやればいい」のように考える人が、まだ少なくない気がします。ですが、この考えに従って、（小）中高大と10年ほどインプットのみをし続けていると、社会に出て、急にスピーキングをしなければならないとなっても、そう簡単にできるものではないのです。私は企業研修でいつも、そのような英語が話せなくて苦労している皆さんを相手にしています。

ずっと**貝のように口を閉ざしていたのに、急にスラスラ話せるようになどならないのです。**「インプットをし続けていれば、ある日突然英語が口をついて出てくるようになる！」というようなことはありません。**話せるようになりたければ、**話す訓練を地道に続けていかない限りは、スピーキングの能力はほとんど向上していきません。

最初にリーディングはインプットの要だとお伝えしたように、読解が大事なのは間違いありません。第3章でお話ししたように英語は「言葉」ですから、すべての技能はつながっています。**何年間も読解をひたすらやってからスピーキングという考え方は、荒唐無稽としかいいようがありません。**あまりにも非効率です。すでにお伝えしたように、4技能を融合してバランス良く学習することが、真に使える英語力を、もっとも効率良く手に入れる方法です。

ですから、リーディングを行うときは、ほかの技能を組み込んで一緒に行うようにしていきましょう。リーディング以外の技能も同様に、できるだけほかの技能を組み合わせてやる工夫が必要です。

中学生以上になったら教科書の長文を1つピックアップし、以下のようなメニューで1時間勉強すると、複数の技能を効率良くマスターできます。

①ざっと読んで大筋を把握しながら（リーディング）、わからない単語は印を付けておく（約15分）
②印を付けた単語の意味を確認する（約15分）
③長文の音声を聞いてから（リスニング）発音を真似しながら読む（リーディング）。数回繰り返す（約15分）
④長文を見ずに音声だけで聞きとり（リスニング）、書く（ライティング）。余裕があればシャドーイングにも挑戦（約15分）

自宅学習に1時間とるのが難しければ、短めの文章をチョイスするなどして、無理のない範囲で毎日行えると理想的です。

海外の英語学校などでは、月曜日にリーディングとリスニングをやったら、火曜日にスピーキング、水曜日にライティングをやってといったように、数日～1週間くらいで4技能を回して学ぶカリキュラムを組んでいるところも多くあります。これも十分「4技能を結び付けて一緒に学ぶ」サイクルといえるので、一日で同時に学習させるのが難しいと思ったら、このような方法を真似してみるのもいいでしょう。

「読んだものを英語で説明してみる」を習慣に

日本人は長いスパンで物事を考えがちです。英語教育についても、「1年間読解だけやって、それからスピーキング」などというプランもスパンが長すぎて効果的ではありません。**読解した英文は、すぐスピーキングに結び付けていくべきです。**読んで理解した英文を、スピーキングの材料としてすぐ使う。インプットしたら即アウトプットしていくわけです。

何かの文献を英語で読むとき、内容をまとめてあとで発表する必要があるといった前提で読むのと、ただ漫然と読むのとでは、読み方がやはりまったく変わってきますね。だから**英文を読んだら、どんな内容だったかを英語で人に伝えることを日課にすると良いのです。**

英語で伝えるのは難しいかも……と思ったら、親が「今日はどんな英文を読んだの？」と尋ねて、子どもに日本語で報告してもらうというやり方でも、最初はいいと思います。内容を教えてもらったら、「へえ、面白そうな話だね」とか「うわ、そんな難しい内容を英語で読んでいるんだ。すごいね！」といった、**ポジティブなコメントをすることも忘れないでください。**

また、高校生くらいになって、ある程度の英語が読めるようになり、親御さんがさほど英語に抵抗感がなければ、『The Japan Times Alpha』や『Asahi Weekly』など英語学習者向けの新聞を定期購読してみるのもおすすめです。子どもが手に取って読み込んだ記事があれば、同じ題材を扱った英語の動画を探してきて一緒に見ながら、英語でも日本語でもいいので感想を言い合うのもいいかもしれません。英語を通じて、親子のコミュニケーションも活発になります。

アウトプットを前提にしてインプットすると、インプットの質が向上します。インプットとアウトプットの両方を、短いサイクルで連結させて学習していく利点が良くおわかりいただけたと思います。「まずインプットに絞って、みっちりやらせる」といった、同じ技能に長期スパンで取り組む英語学習方法に陥らないよう気を付けてください。

精読と多読

では、ここからは実際のリーディング学習の具体的な進め方を説明していきましょう。

リーディングには精読と多読があります。よく二項対立（相入れない2つの概念が、対立した関係にあること）のような構図で、どちらがいいのかと議論になっている場合もあります。

ただ、私の意見では、精読も多読も両方大切です。もちろん初学者の場合、ある程度、精読的な読み方をやらないと、多読をしても単語を拾うだけになってしまうかもしれません。

「英語の基本は主語と動詞があり、『**主語**が**動詞**する』といった語順の組み合わせで意味ができていく」などと基礎を軽く習ったうえで多読に入るべきでしょう。ある程度の語順や文法の理解がないと、単なる単語の拾い読みで終わってしまい、簡単な英語だけで停滞してしまうかもしれません。

ですから、英語の基本的なしくみに関しては、早い時期にある程度マスターしておくといいでしょう。

「この単語、慣用句はこういった意味になる」といった語彙だけでなく、英文のしくみを理解しておかないと、少し難易度が上がると読めなくなってしまいます。例えば、接続詞や関係詞などは、リーディングだけでなく、そのほかの技能にも影響するので、早い段階で基本だけは知っておいたほうが良いでしょう。

とはいえ、文法書を通読して分析的に学ぶのではなく、書かれた英文を少しずつゆっくり読んでいき、**前後の文章も手がかりにしながら理解していく**といったスタイルでいいと思います。つまり、**すべての英文の隅々までSVOCに分けていくようなところまではやらなくてもいい**ということです。最初のうちは、意味がわかる手助けになる程度に、英語の基本的な構造を理解していくくらいで大丈夫です。

私も、執筆している参考書には文法の説明は付けていて、SVOCといった構造的なものも、解説ページで英文に付するようにしています。ですがこれは、**「わからないときに参照してください」という意味で付けているものです。**「自分で英文を読み進めるときにも、SVOCの類いはすべて解明できるようにならないとダメですよ」というものではありません。意味を大きく取り違えない程度に仕組みを理解しておきましょうということです。

このように、構文・構造をある程度理解しながら読んでいくのが精読です。精読を一切やらずに、多読・速読だけでやるのは少し効率が悪くなると思います。精読に関しては多くの場所で教えられています。学校や塾、予備校などで習う時間が出てくるでしょうから、深入りしすぎない程度に学ぶと良いでしょう。

精読も音声を活用する

精読の際、まず非常に重要なのは、**子どものレベルに合ったものを選んで行うことです。**多読より精読のほうが多少難しめの教材を使うことになります。ゆっくり時間をかけて文章を読み進んでいくわけですからね。

精読と聞くと、授業で先生の説明を聞いて理解していくものというイメージが強いと思うのですが、**じつはこれは精読のガイダンスのようなもの。**授業を聞いたり、参考書を読んだりして英文がその場ではよく理解できた気になるのは、英語の構造や構文の基礎を先生や参考書が、わかりやすく解説をしてくれているからです。むしろ解説を聞いて理解したあとが重要です。

精読用の教材も、音声が付いているものを利用してください。ＣＤが付属されていない場合でも、ダウンロードする形で音声を提供する教材も最近は多く出回っているので、選ぶ際は確認を忘れずに。

精読の教材は繰り返しすり込んでいくことが大切です。参考書の場合は、解説部分も読めばより理解が深まるはずです。読み終わって「理解できた」と感じたら、今度は付属の音声を耳で聞きながら、目では文章を追っていきます。そしてリピーティング、オーバーラッピング、シャドーイングなどの音声訓練を行って英語をインプットしていきます。このように、リーディングとして学習したものを、音声訓練を通じて耳と口で仕上げます。中学の教科書の学習と同じですね。

「教科書の読解は授業で学んだら終わり」はもったいない！

精読として一度読んだ長文を復習しないで放置することがよくあります。これほどもったいないことはありません。以下のような悪循環に陥りがちです。

予習で長文を読んで、辞書を引いて和訳を作る

↓

授業で先生の和訳を聞いて自分の和訳を手直しする

↓

終了。英文はもう二度と読み返さない

今でも、このようなパターンに陥っていることがあります。

多くの英語教材には音声がついています。学校の教科書や副教材にも音声が付いているものが多くなっています。ところが家では音声を一切聞かない子どももけっこういるのです。**これは本当にもったいないし、残念なことです。**

時には英語と日本語の特徴を比較するための頭脳訓練として和訳をしてみるのは楽しいことですが、それがゴールになってしまわないよう気を付けましょう。英文は、単に和訳して意味を理解するために学習するのではありません。そこから、単語や構文をインプットし、音を聞いてわかったり発音できるようになったりし、スピーキングやライティングのアウトプットに役立てるためにやるのです。

和訳のノートを作ったり意味調べをしたりすることにあまりに時間を使ってしまうと、ほかのことをやる時間がなくなってしまいますから、親切な語句注が付いたり、最初から和訳が示してあったりする教材を使用することをおすすめします。そうすれば、理解が速く進み、音声訓練に時間をたっぷりかけることができます。

音読するときの注意点

精読学習をする際にも、ネイティブの音を真似た音読はぜひ習慣化してもらいたい学習方法です。効率良く正しい発音をマスターできますからね。ですが、正しいやり方で行わないと効果が得られないので注意が必要です。

音読という言葉は定義が曖昧で、少し前までの主流は、私が受験生のころにやっていたのとまったく変わらない、デタラメな発音での音読でした。**お手本の音声を聞くことをせずに、自分の好き勝手な発音で音読するような方法です。**

私が若いころは、教材には音声が付いていませんでしたので、デタラメな音読になってしまうのは、致し方ないことでした。しかしながら、**間違った発音での音読は、リスニングやスピーキングに多大なる悪影響をもたらします。**例えば、worldという単語の正しい英語の発音を知らずにカタカナ読みで「ワールド」と音読していると、リスニングでworldという単語が聞きとれないばかりではなく、スピーキングの際、相手がなんと言っているかも理解できなくなってしまいます。

浪人時代、私は音読をたくさんしたのですが、お手本がなく自己流で発音していたため、正しくない発音のクセがこびりついてしまい、あとでそれらを矯正して取り除くのに大変苦労しました。同じく自分の発音とは違う音で発音される本来の英語の音を聞きとるのもひと苦労でした。

だから、子どもに音読をさせるときは、**ネイティブスピーカーの音声を必ずお手本にすることを徹底させてください。**お手本の音声がないものを何度も繰り返し、音読することはくれぐれも避けてください。

ネイティブのお手本の音声を使った音声訓練にはまず、ワンセンテンスごとに音声を止めながらの**「リピーティング」**と、テキストを見ながら音に合わせて一緒に読む**「オーバーラッピング」**があります。まずはリピーティングからやってみて、うまく真似して発音できていると思えたら、オーバーラッピングに挑戦してみましょう。

さらにもうひとつ、「シャドーイング」と呼ばれる音声訓練の仕方もあります。これは、テキストは一切見ずに、耳から聞こえてくる音声だけを頼りに、1、2秒遅れて聞こえてくるとおりに口に出して言ってみるものです。

音声に一瞬遅れながらも、影（シャドウ）のようにずっとくっついて行うので、かなり高度なトレーニング方法といえます。一字一句逃さず言うことは上級者でもかなり困難を伴います。途切れ途切れ、飛び飛びになってしまってもいいので、とにかく耳を澄まして、聞こえてくる英語をそのまま、できるだけ早く言ってみましょう。

シャドーイングは難易度が高いので、できなくても心配には及びません。子どもが果敢に挑戦したにもかかわらずまったく歯が立たなかった場合は、「シャドーイングは、とても難しいって聞いたことがあるよ。チャレンジしただけでも、十分すごいんじゃない？」というように、フォローを入れてあげてください。

音読は、自信がもてるまで繰り返そう！

1回精読したものは忘れないように、何度も音声を聞き直しつつ、一緒に口を動かしてみたりするといいでしょう。英語はこういった繰り返し、反復練習が大事です。**英語ができる人ほど、繰り返す作業を飽きずにきちんと続けています。**精読もリスニングや音読などと組み合わせて、何度もやってみることです。回数目標が必要な人は、とりあえず10回と決めてやるといいでしょう。ただ、この10回という数字はジムでの筋トレの目安のようなものですから、習熟度によって調整しましょう。また、このような数値目標を掲げると、10回読むことだけが目的化してしまうので、逆効果になることもあります。英文を音読するときは、一回一回意味と発音をかみしめながら大切に読むことが重要です。

もうすでに意味がわかっているものを何回も繰り返す訓練は単調に感じます。けれども、繰り返すことで英語が自然に刷り込まれ、スッと自分のものにすることができます。もちろん精読を行う過程で、単語や熟語などもどんどんインプットできるという語彙力アップのメリットも付いてきます。

音読するときは、棒読みにならないように、筆者の気持ちを伝える姿勢で朗読しましょう。毎回感情を乗せて心を込めて読むと効果抜群です。

音による「すり込み」は、アウトプットにも効果的に働きます。何度もリピーティング、オーバーラッピング、シャドーイングといった音声訓練をすることによって、英語で実際に会話をする際、自分の言葉として口から出せるようにするための素地づくりもできるからです。

音読自体はスピーキングではなく、スピーキングのためのインプットとして機能するものです。よく音読もスピーキングの一種だと考えている人がいますが、音読はインプットするための作業であって、それ自体はスピーキングではありません。スピーキングとは、自分の言いたいことを人に向かって発表したり、相手とやりとりをしたりすることをいいます。

音読練習をしているわが子の声を聞いて、「うちの子は今、英語を口に出しているから、英語を話しているんだ」と**勘違い**してしまう親御さんもいるかもしれませんが、相手がいるところで話すのがスピーキングなのです。

このあと、リスニングのところでも触れますが、ネイティブの音声をモデルに口を動かさないと、耳の力が育っていきません。**ネイティブの音声を真似て口を動かすことは、リスニングの学習のためにもとても役立ちます。**読解とリスニングは、同時に伸ばすことができるのです。

以上が精読の学習法です。受験では、この精読の力が重視されるので、おそらく進学校や予備校、そして塾の読解の授業は、精読中心になることも多いでしょう。精読はやり方によっては、受験対策としてだけでなく、使える英語を手に入れるためにも役立ちます。授業や参考書で、学んだあとに、**リピーティング、オーバーラッピング、シャドーイングといった音声訓練をしっかりやることが大切です。**

中学・高校の教科書をフル活用しよう！

学校で用意される教材は、音声付きのものが多くなっています。その場合は、大いに活用したいものです。

子どもが**学校の教科書の音声教材をもっているかどうかを、毎年1学期の最初にチェックするようにしてください。**音声が学校から提供されずもっていない場合は、出版社が販売しているケースもありますので、独自に購入できるか確認してみましょう。購入ができるのであれば、絶対に買い求めて、一日でも早くわが子の手に渡るようにしてください。

毎回授業で使う学校の教科書は、中学、高校時代、子どもがもっとも時間を費やすことになる英語教材です。自宅での予習復習で使うことも多いですから、ほぼ毎日手に取り、目を通すことになります。

だからこそ、正しい音声で学ぶことが大切なのです。第3章で、「教科書を使い倒す！」というお話をしましたが、最近の中学・高校の教科書は、内容が非常に練られたものが多く、興味深い英文が収録されています。使用されている語彙も、基本的かつ汎用性の高いものばかりです。**平易で良質な教科書の英語は、暗記するくらいまで繰り返し声に出して読んでほしいくらいです。**

ビジネス英語というと超難解なイメージがあると思うのですが、**文法的に見れば、中学や高校の教科書に載っているものが中心**といっていいと思います。もちろん、日常会話もそうです。教科書には無駄な英文がほとんど載っていません。ですから、教科書の暗誦は、使える英語を身に付けるためにも役に立つのです。

高校の「コミュニケーション英語」の教科書は、うまく活用すれば大変良質な教材です。いろいろなレベルがありますが、進学校では、1、2年で使用するものはCEFRのB1レベル、そして2年の教科書の終わりくらいからはB2レベルにもかかってきます（CEFRについては176ページの一覧を参照）。精読の教材としてはちょうどいいレベル感です。内容的にも興味深いものが多いので、これを音声を用いてすり込むことで、良質な英語のインプットができます。

教科書の音声練習を習慣化して、教科書を暗記できるくらいにしてしまえば、学校の成績も上がり、英語力も身に付くので一石二鳥です。**音声が手に入るなら、まず真っ先に教**

科書を使い倒すことを目指すといいでしょう。自宅での英語学習は、教科書の音声を聞き、暗記できるくらい音読をやる。これを習慣化することを優先してください。

精読は、あれこれいろいろなものをやるのではなく、学校の教科書や塾、予備校の教材の中から音が付いている優良なものを選んで、徹底的に音声訓練をやることをおすすめします。しつこいですが、英語の教材は必ず音が付いているものを使ってください。学校に限らず、塾や予備校に通うような場合も、教材に練習用の音声が付いているかどうかを必ず確認するようにしてください。わざわざ音が付いていない教材にお金を払うのはもったいないのではと思います。

多読は楽しさ第一で進めよ！

多読とは、楽しみながら、雑誌をめくる感覚で英語を学ぶ勉強法で、「調べない、覚えない、繰り返さない、いやだったらやめる」というスタンスでのぞむものです。肩ひじ張らず、リラックスしながら面白いものを読みあさっていく……そんなイメージです。精読と並行して、少しずつ多読する教材の語彙レベルを上げていけるようにすると良いでしょう。

すべての単語がわからなくても、飛ばしてストーリーがわかれば大丈夫です。時々知らない単語が出てくるけれど、いちいち意味を調べなくても、ストーリーはわかる。子どもにとってそのくらいのレベルの読み物から始めるのが目安です。

語彙のレベルが高くて**あまりに多くの単語がわからないとなると、話が理解できなくなってしまいますから、もう多読ができなくなってしまいます。**ということで、レベルに合った教材探しが大事になります。多読の教材は、精読用のものよりもレベルを落としたものを選ぶようにしましょう。例えば、子どもが英検準2級を取得していれば、多読では英検4～3級くらいの教材から始めるようにします。

紀伊國屋や丸善のような大きな書店の英語教材売り場には、多読用の教材コーナーがあります。そこには、Graded Readers（難易度別読本）と呼ばれる薄い本がたくさんそろっています。英語を学ぶ初中級者向けに語彙が制限された本のことで、掲載されている語彙数や語彙レベルが表示されているのが特徴です。童話や伝記、小説（世界の古典文学が多い）や映画のノベライズなどが簡単な英語で読めるようになっています。出版点数はとても多いので、気に入ったジャンルで、自分に合ったレベルの1冊が見つかるはずです。

オックスフォード・リーディング・ツリー、ピアソン・イングリッシュ・リーダーズ（通称「ペンギンシリーズ」）、マクミラン・リーダーズ、ケンブリッジ・イングリッシュ・リーダーズ、ラダーシリーズ（ＩＢＣパブリッシング）などが、難易度別読本のシリーズを展開しています。

薄いので、語彙レベルが合っていれば、すぐ読破できます。決して安くはないので、ページ数と文字数で考えるとコストパフォーマンスが悪い気がしなくもないですが、**「英語で1冊読めた」という成功体験を子どもにもたせることができる**という意味ではおすすめです。

子どもが興味をもてそうなジャンルで、語彙レベルが合ったものを選べばいいでしょう。どれを読ませればいいか決められないという場合は、隔月雑誌の『多聴多読マガジン』（コスモピア刊）を一度買ってみるといいかもしれません。誌面上でジャンル別、レベル別の推薦タイトルがたくさん紹介されていますので、参考になると思います。毎号、音声による勉強もできるようになっているので、非常に使い勝手のいい教材です。

多読の教材は割高であるという難点があります。1冊600円ほどからですが、1時間たらずで読み終わってしまいます。**多読ですから子どもにはどんどん読ませたいところですが、読ませるほどに出費がかさみます。**１５００円くらいする一般的な参考書は１か月くらいかけてやるものです。こう考えると、やはり多読はコストパフォーマンスが悪い感覚が拭いきれません。

いくつか選択肢はありますが、まずは、学校や地域の図書館を大いに利用するといいでしょう。また、電子書籍で割安で手に入るタイトルもあります。また、近所の子育て仲間で多読ライブラリーを共有し、本を回し合うこともできます。

精読は、音があるもので行うのが基本ですが、コストなどを考えると、現実問題として、多読は「音がないもの」にならざるを得ません。目で単語を追い速読する訓練と割り切ると良いでしょう。最近では、音が付いている多読教材も増えてきました。音が付いている教材が手に入るのであれば、聞きながら、もしくはシャドーイングしながら意味をとらえていったりするような読み方も、もちろん効果的です。

リーディングは、中学あたりまでは簡単な物語を中心に読んでいけばいいのですが、年齢とともに知的レベルも上がってくると、もっと読み応えのあるものを欲するようになります。中学1、2年くらいまでは物語で事足りるでしょうが、それ以降は伝記や歴史物など、もう少し社会性のあるものをすすめてみるといいかもしれません。

例えば『アンネの日記』やオバマ元大統領の足跡をたどった伝記もののような、読み応えのありそうなタイトルを選ぶといいでしょう。多読はなんといっても、**本人が面白いと思えるかどうかが大きなポイントです。**楽しみながら読む習慣が付いたらしめたものです。

『The Japan Times Alpha』や『Asahi Weekly』などの、英語学習者向けの新聞もおすすめです。政治や経済など、中高生にとっては少し難解すぎる内容の記事もありますけれども1つの記事の長さは短いので、気になるトピックだけを拾い読みすることも十分可能です。これらの新聞がきちんと読めるようになるレベルは、英検2級、英検準1級あたりになるでしょう。世の中の動きを知ることもできますし、このあたりのレベルに達している子どもであれば、定期購読をして多読のメイン教材にするのもいいと思います。

通常の英字新聞、**『The Japan Times』や『The New York Times』など、ネイティブの大人向けに書かれているような新聞は、中高大生用の多読の教材としては難しすぎると思います。**

繰り返しになりますが、多読は文字どおり「とにかくたくさん読む」が大前提ですから、成功の秘訣は「無理して難しいものにトライしない」ことです。

英語の多読にハマったことがきっかけで、アメリカやイギリスの大衆小説や、「ハリー・ポッター」シリーズなど比較的高いレベルの読み物まで楽しく読みこなせるようになったという高校生の教え子が、過去に何人もいました。**彼らのように多読を習慣化すると、読解力は相当なレベルまで上がっていくというわけです。**

上級者は多読の割合を増やそう!

精読と多読の両方を並行してやっていくことが大切、と言いましたが、配分はどうすればいいのでしょうか? これは英語のレベルによって変わってきます。**上級者になってきたら精読よりも多読の配分を増やしたいものです。**例えば英検2級から準1級くらいのレベルになってくると、精読をみっちりというよりは、いろんなジャンルを幅広く読む多読を中心にしていくべきでしょう。

上級者レベルになっても、わからない単語があると、調べたくなる気持ちは、私もそうなのでよくわかります。「全部の意味がわからないと気持ち悪い」といった理由でそうしてしまうわけですが、**いつまでたっても細かい部分が気になってしまう読解スタイルは考えものです。**

日本語で小説やノンフィクションを読むときでも、単語や文脈の全部を把握できなくても、そのまま読み進めてしまうのではないでしょうか？　わからなくても大筋に影響はないと、無意識のうちに読み飛ばしているからです。まったく未知の分野の専門用語が出てきたとしても、辞書で調べたりせずに楽しく読み進められますよね？　これと同じことは英語ネイティブがジョン・グリシャムの小説（専門的な法律用語が頻出する）を読むときも同じです。ですから全部の英単語の意味を知っていなければならないというわけでもないのです。

だから、細かいところまで全部解明しようとするよりも、むしろ英文のストーリーを正確に読み取ることを優先するようにしましょう。

リーディングスキルをブラッシュアップするためのテスト活用術

最後に、リーディングにおけるテストでのテクニックについてお話しします。根本的な実力を高める話ではありませんが、あくまでも試験テクニックとして参考に。まずテストには、いろいろな種類があります。中高生の子どもが受けることになる主要な英語のテストは、英検、GTEC（後述）、高校入試、大学入試でしょう。

英検やGTECは出題される問題の3〜4割程度がリーディングとなりますし、高校や大学入試では、さらに多くの問題の割合が、リーディングで占められます。

使われる英語はテストの種類によって異なってくるので、どういう種類の英語が使われるのかをテストごとに、きちんと知っておくことが大事です。

まず、英検やGTECのような試験は、早い段階から付き合っていくことになるので、その内容をよく知っておいたほうがいいと思います。

英検は、基本的には電子メールと教科書的な文章、つまりアカデミックで学問的な文章が出てきます。またGTECに関しては、電子メールや教科書的な文章に加えて、物語が出てきます。

英検、GTECといった実用英語系のテストでは、まず**設問を先に読むことが重要です。**

設問は、ふつうその文の大きな流れの中で重要なことを聞いています。先に設問を読んでおけば、何に注意して読み進めればいいかがわかります。逆に、先に本文を読んでから設問を解こうとするともう一度読み直すことになるので、二度手間になります。

設問1は第1パラグラフについて、設問2は第2パラグラフについてと、設問が段落順に用意されていたりするので、設問から長文の内容を推測することもできますし、そのパラグラフで探すべき情報が明確化します。

一方、個別の高校入試や大学入試では、設問が規則的に並んでいなかったり、設問が本筋ではなく細かいことを尋ねていたりする場合もあります。このあたりは過去問をよく見て、ある程度テストに合わせて勉強することが、受験直前には重要でしょう。

ちなみに英語試験として広く知られるTOEICは、中学生や高校生には少し早すぎると思います。ビジネスパーソン向けに開発されたTOEICは、使用される英語自体がビジネス寄りの英語になっているためです。「納品書を添付いたします」「請求書の内容を確認し当方の口座に入金してください」といった内容は、学校生活とはあまり関係がありません。ですから中学生や高校生には、英検やGTEC、TEAPのような、学生向けのテストをおすすめします。

GTEC（Global Test of English Communication）は比較的新しいテストなので、なじみのない読者の方もいるかもしれませんが、今の中高生は、英検と同じくらい数多く受験しています。内容的には似たような問題が出題されます。どちらを目安としてもいいでしょう。学校で一斉受験することも多いので、その場合は、採用されているほうの試験を努力目標とすると良いでしょう。また、高校受験や大学受験に英検やGTECが使えるということであれば、それぞれ中3、高2以降で受けたほうがいいと思いますが、中1、2、高1のうちからこれらのテストのために躍起になる必要はありません。

テストは、「ここまで行けた」と、自分の到達具合を測るのに非常に便利な道具であることは確かです。英検もGTECもしっかりとスコアが出てくるので、点数の伸びを時系列で追っていくと、英語力の伸びも客観的にわかるので、上手に活用したいものです。年に1、2度などの間隔で、ふだんの英語学習の伸びを測るために、子どもに受験を促してみるのがいいように思います。

2 リスニング

どれだけ聞いても英語が聞きとれるようにならないワケ

リスニングは絶対に、早い段階からどんどん学んでいってほしい技能です。

リスニングに大きな苦手意識をもっている人は、じつは大勢います。なぜ苦手かというと、**「発音とリスニングは一体」ということが、おそらくよくわかっていないため**でしょう。

日本でよく聞くのが、「リスニングはたくさん聞くことが大切です。聞くほど耳が英語に慣れてくるので、とにかくたくさん浴びましょう」というアドバイスです。こう言われて、「学生時代にたくさん聞いたけど、理解できるようにならなかった」という人もいらっしゃるのではないでしょうか？

例えば、アメリカなどの英語圏に何年も住んでいるけれど英語がまだうまく聞きとれない、という日本人に出会うことも少なくありません。彼らは、まさにシャワーのように毎日英語をたくさん聞いているのに、CNNのようなニュースを見ても内容がよくわからないのです。

この「どれだけ英語を聞いても一向に聞きとれるようにならない」問題が生じるのはやはり、日本語のあいうえお、かきくけこ……という50音の音声体系と、英語の音声体系があまりにも大きくかけ離れているのが原因といえるでしょう。ですから、一度きちんと体系的に英語独特の音を学ばないと、なかなか聞こえるようにはならないのです。

英語をたくさん聞くこと自体が悪いわけではありません。「**たくさん聞くだけではなくて、体系的に英語の音を最初にしっかり学ばないと、聞こえない音はなかなか聞こえるようにはならない**」ということです。

私も大学1年のときにFEN（Far East Networkの略。現在はAFN〈American Forces Network〉という）という米軍のラジオを聞きまくった経験があります。極東にいるアメリカ軍の軍人とその家族向けのラジオ局で、当然すべての放送が英語になります。話される英語のスピードもかなり早いです。

当時、「FENをとにかくたくさん聞いていれば、そのうちちゃんと英語が聞こえるようになるから」という友人たちからのアドバイスを信じて半年近く毎日聞きまくったのですが、全然聞こえるようにはなりませんでした。断片的に単語がわかるだけで、意味をとることなど、まったくできなかったのです。

最終的には、「聞こえないものはいつまでたっても聞こえない！」とさじを投げて、FENを聞くのをやめてしまいました。では、どうやって聞こえるようになったかというと、**英語の「音」を勉強した**のです。

まず私は、高校生や予備校生のときに、発音記号や発音というものを一切やらなかったので、大学に入ってもデタラメな音読しかできませんでした。我流で音読をしていたので、アクセントもめちゃくちゃでした。pandemicを「**パ**ンデミック（正しくはパン**デ**ミック）」、epidemicを「**エ**ピデミック（正しくはエピ**デ**ミック）」のように、強勢（アクセント）を置く位置が間違っていることもしばしばでした。とにかく、発音がめちゃくちゃだったのです。

これがリスニングの向上を大きく阻止していた原因です。この例を説明するために、私はよく生徒を相手に、英単語の簡単な聞きとりクイズを出します。「ネイティブの発音する単語を聞いてもらうから、何て聞こえたか書きとってみて」と、お題をまず出します。

真珠は「パール」じゃない

そこで、pearl ringという音を聞かせてみると、ほぼ全員が正しく書きとれません。「えっ、今の何?」となって、Paul rinkやpolling、pole lineといった違った単語や、英単語にはないようなアルファベットの羅列をするのです。「真珠の指輪という意味のpearl ringって言ったんだよ」と正解を教えると、皆とても驚きます。

聞こえないメカニズムを分析すると、日本人は日本語の五十音に当てはめてpearlを「パール」と発音します。自分がしゃべったり音読したりするときに「パール」と言い続けていると、つねにこの発音で聞いているため「pearl＝パール」となります。英語の音の中から「真珠」という概念を探す際に、「パール」という音を探すのです。

ところが「pearl」の「pe」の音は、日本語の「パ」の音ではありません。また「ａｒ」は、日本語の「アー」とは別物ですし、「l」は日本語の「ル」とも異なります。lが語尾にくる場合には、舌が上の歯ぐきの裏に付いたまま空気が抜けていくという、日本語にはない特殊な音になるのです。また、rの発音もingの発音も日本語にない音です。このことを知らなければ、pearl ringと聞いても認識できるようにはなりません。

だから英語の発音を体系的に学び、実際に正しい発音で声に出すことがとても大切なのです。

最初は、英語の子音と母音の発音で主要な中から、特に日本語とは大きくかけ離れたものを重点的に見ていくといいでしょう。例えば**thの音**や、例に出したpearlの**earの発音や語尾のl**、それに**vとb**などといった発音です。こういった箇所の英語の子音と母音の発音は、しっかり学ぶ必要があります。

ネイティブの発音に近づけようとすることが、リスニング力向上につながる

音をしっかり学んだうえで何度も聞くことと、聞こえたとおりに発音する訓練を繰り返していくと、徐々に正しく発音できるようになります。そして、正しく言える音から聞こ

えるようになるのです。今まで雑音の連続で穴だらけだったのが、聞こえる箇所が1つずつ増えていき徐々にピースが埋まっていくのです。聞こえる箇所がどんどん増えていって、ピースが7、8割ほど埋まれば、ストーリーの概要がほとんど理解できるようになります。

こういった説明をすると、「ネイティブみたいな音でしっかり発音できなければ、英語は結局聞こえるようにならないのなら、自分には無理だ」といった声がよくあがってきます。ですが私の経験上、そんなことはありません。

要は、**ネイティブの音を目指して頑張って学習を続ければ、完璧とまではいかなくても、ある程度近い音が出せるようになり、英語らしい音も捕らえられるようになるのです。**まったく違う音で発音している間は無理ですが、自分の発音を近くまで寄せられれば、英語の音もキャッチできるようになるということです。pearlの発音が完璧にできなくても、英語の発音に寄せた発音さえできれば、聞きとれるようになります。反対に「パール」という日本語の発音を一切変えず押し通すと、英語のpearlが聞きとれないのです。

今では優れた発音教材が出回っています。音声だけでなく、ネット映像で英語ネイティブの口を大写しにして、主要な英語の発音を記号と一緒に教えてくれるような教材もあります。子どもと一緒に見て、口、唇、そして舌の体操をやってみるといいでしょう。

リエゾン、消失、イントネーションも声に出して慣れる！

ここまでは、英語の子音や母音という、個別の単語の発音についてお話をしてきましたが、英語が聞きとれない理由は、ほかにもまだあります。単語と単語が組み合わさって音が変化する現象はその代表格と言えます。

例えば、Get it out.を私たち日本人は、「ゲット・イット・アウト」と発音します。ところがイギリス人はこれを、「ゲディットアウト」のように発音します。getのtと、itのi、つまり語尾の子音と語頭の母音がくっつくことによって、単独の音とは別の音になってしまうのです。

こういった現象は「リエゾン」、または「有声音化」と呼ばれます。単語と単語をつなげた、英語のリエゾンの発音も可能な限り真似をして、同じような音で発音する訓練をしておかないと、やはり聞きとれるようにはなりません。

ほかにも英語の発音には、「アシミレーション」、または「消失」「脱落」と呼ばれる音声現象も起こってきます。単語がつながることで単体ではあった発音の一部が、消えてなくなってしまう現象です。

例えば、多くの日本人はsome moreを「サム・モア」と言いますが、アメリカ英語では、「サモア」となります。some moreも自分で「サモア」と発音し続けていないと、聞いたときにsome moreと認識できないわけです。

さらに、正しい強勢（イントネーション）の位置を学んでそのとおりに発音することも重要です。自分が話すときの英語のイントネーションがアメリカ英語、イギリス英語の一般的なイントネーションとあまりにもかけ離れていると、聞きとりの波長が合わなくなってしまいます。私も大学1、2年のころはそうだったのですが、アメリカ人の話す英語と、デタラメ音読で培った自分の波長がいちじるしく噛み合わず、アメリカ英語のリズムについていけませんでした。結果、まったく聞きとれなかったものです。

どうやってすり合わせていくかというと、やはりネイティブの音声をお手本にして、リピーティング、オーバーラッピング、シャドーイングといった音声訓練を繰り返し行うことです。続けていくことで、自分独自のイントネーションが矯正され、相手のイントネーションに近づくことで、相手の英語のリズムにスッとのって聞くことができるようになるのです。

ネイティブに近い発音を目指した音読の実践がもっとも大切ですが、発音を体系的にまとめた本を1冊だけ購入し、知識としてまるっと頭の中にたたき込んでおくと上達速度がグンと上がります。一気に集中してやれば半月ほどで終わるはずです。やるかやらないかで、のちのちのリスニングの力が大きく変わってくるので、発音に関する書籍を一定期間やってもらうと良いでしょう。

「必要だから絶対読みなさい！」などと頭ごなしに言うと反発して手に取らないでしょうから、「お父さんお母さんは英語の聞きとりに苦労して、いまだにちんぷんかんぷんなんだよね。だけど、この本を今読んでおくと、英語の発音の特徴がわかって、のちのち楽ができるらしいよ。そして、本当に英語が聞きとれるようになるんだって」などと、やんわりすすめるくらいがちょうどいいかもしれません。

照れを克服することが重要

大きくなってくると照れが邪魔になることも多々あります。中学生になると、英語を英語らしく話すことに対して、照れや恥じらいの気持ちが強く出てくるようになるのです。

例えばお手本で、私が高校生の前で英語らしい英語を口にするとします。「みんなは綿のことをコットンって言うよね? でも、英語でcottonと言うときもコットンと発音していると、英語のcottonは聞きとれるようにならないよ。僕がちょっと発音してみるから真似してみて」と言ってcottonとやると、皆爆笑したりします。結局照れてしまってしっかり真似ができなくなってしまう。発音を意識してbirdと言わせようとしても最初は皆照れてしまいます。

周りの目を意識して、英語を話すときも日本語の音声体系からはずれたがらなくなってしまうのです。このような照れが、英語らしい発音にトライする妨げになってしてしまうのは、社会人も同じです。

一方、もっと小さな子どもだとそういった気持ちがまだなく、すっと真似できるのです。

だからすぐ発音が良くなっていきます。日本語の影響がまだ少し弱いのと、周りの目をそこまで意識しないことが、英語の発音練習に関してはプラスに働くわけです。小学生高学年や中学生で、birdと英語らしい発音でお手本を示せばbirdとおうむ返しで真似できる子たちの多くは、おそらく幼いころから英語らしい発音で英語を話す体験をしてきているので、恥も照れもないのでしょう。

ところが中学生から本格的に学びはじめる子どもたちには、英語的な発音に過剰に拒否反応を示し、わざと日本語ふうのカタカナ英語でしゃべったりすることがあります。さらに周囲で英語らしく発音する子がいると、「格好つけないで」というような反応をする場合もあります。小さいころから英語をやる最大のメリットは、英語を英語らしく発音することにちゅうちょがなく、結果として耳と発音が良くなることにあると、私は強く思うのです。

ある程度大きくなると、聞いてさえいれば自然に聞こえるようになることは、あまり期待できません。ですからしっかりと、体系を学んだ上で実地訓練を重ねていく必要があるのです。

照れを克服するための練習方法

もちろん、正しい発音を学ぶのに遅すぎるということはありません。子どもが照れを覚える年齢になっていても、自宅でリカバーすることも十分可能です。

私自身が実際にやってみて非常に効果があったのは、時々ディクテーションをしながら精聴していく学習法です。ある一定量の文章を音のつながりとしてとらえ、じっくり聞きながら、聞こえるままに書きとっていくという作業です。

不思議なことに、聞こえない音は、何度聞いても聞こえません。けれどスクリプト、つまり文字として見てみると、「あ、なんだ、こういうことか！　こんな簡単な英語がどうして聞きとれなかったんだろう?」というふうに思うのです。そして、自分の行ったディクテーションに赤を入れて、正しい英語に書き直した箇所が、本人の英語の耳の弱点ということになるのです。

聞きとれないところ、わからないところに赤を入れていって、本来の英語の発音がどういうものなのか、スペルと一緒にしっかりとまず照らし合わせていきます。しかし、それだけでは不十分です。お手本の音声に近い発音が自分でもできるようにならないと、聞こえるようにはなりません。ですから、音声を何度も聞いて、聞こえる通りに発音練習を繰り返す必要があるのです。

一度、get it outという音とスペルが一致してわかるようになると、start it overやcut it outといった、似たような音声現象が起こる箇所も聞こえるようになります。自分が発音できる音声現象の数を増やしていけば、どんどん穴にピースがはまっていき、聞きとれるようになっていくのです。その積み重ねで7、8割方を聞きとれるようになったら、話の大筋は理解できるのです。

自分の英語の発音をセルフチェックするのに、私はボイスレコーダーやボイスメモのような機能を利用しています。これらを使って自分の声を録音するのです。録音して聞くことができるので、自分の声を客観的に把握できます。お手本の音声（原音）と自分の声（発音）を比べることができるわけです。

例えば、今でも私は、出張で地方のホテルなどに泊まって早く起きてしまったときなどには、ホテルの部屋にある英語案内の文面を音読して、ボイスメモで録音することをやっています。ネイティブの音声はなくても、自分の英語の発音を聞き返して、英語的音声現象が忠実に再現できているかをチェックしています。

録音して自分の声を客観的に聞くことで、「あー、vとbの音がまだ甘いな」「rの音が不十分だな」という細かな気付きが得やすくなるのです。そして修正が可能になっていきます。このような「録音トレーニング」をワンセンテンスだけでも習慣化できれば、耳が良くなり、発音もお手本に近づいていくでしょう。

何か簡単な一文を完璧に真似るつもりで、ひたすら聞いて口に出して言ってみる。ただ聞き流すだけでなく真似をして言ってみる。**聞いて、口にしてという反復練習を、とにかく習慣づけてください。**

洋楽カラオケで楽しみながら精聴！

もうひとつ有効なのが、**カラオケで英語の歌を歌う**ことです。英語のカラオケは、耳を鍛えるツールとしてすばらしいです。お手本の音声を聞いて音読するのと原理はまったく同じです。ですから、英語の歌を聞いていているだけではダメで、聞こえるとおりに真似をして原曲に近い発音で歌えるようになるために、とことん努力することが肝心です！

カタカナ英語から脱却するためには、まず原曲を何度も繰り返し聞くことから始めましょう。つぎに歌詞を見て一緒に口ずさむ（オーバーラッピング）、歌詞を覚えたら耳だけで聞いて一緒に歌う（シャドーイング）といった音声訓練も何度も行います。好きなアーティスト、楽曲であれば、この反復練習が苦にならず、楽しくできるのが洋楽カラオケの大きな魅力です。

ただしお気に入りでさえあれば、曲の選択は何でもいいわけではありません。**カッコよく聞こえる曲が、必ずしも学習に向いた曲とは限らないのです。**例えば日本語を勉強している外国人がB'zやサザンオールスターズの大ファンだからといって、桑田佳祐さんや稲葉浩志さんのボーカル、歌い方でいきなり歌を学ぶのは、正しい日本語を話すための第一歩としてはベストの選曲とはいえないのではないか、ということです。最初はもっと、スローなテンポで明瞭な歌い方がされている歌謡曲や童謡などをチョイスすべきでしょう。

日本人が英語の歌で英語を学ぶときも考え方も一緒です。具体的な音楽のジャンルとしては、**バラードやカントリー、マザーグースなどの童謡**などがいいでしょう。なかでも私が強くすすめたいのは、そこまでアップテンポではない、**ミュージカルのナンバー**です。ミュージカルの中の歌は、役者が観客に語りかけるように歌います。歌い手が扮する登場人物のセリフとして機能し、話の筋ともがっちりリンクします。

ディズニー映画、海外ドラマ『glee』の劇中歌もおすすめ

歌う人の心情まで吐露されるミュージカルは、感情豊かに英語をわかりやすく話すための素材にうってつけとなります。

例えば、ディズニーのアニメ映画『アラジン』のテーマ曲である「ホール・ニュー・ワールド」ですが、映画のエンドロールで流れるピーボ・ブライソンとレジーナ・ベルが歌っているバージョンは、ポップスっぽく、カッコよくさらりと歌っていますが、私は劇中でのミュージカル版で勉強することをおすすめします。劇中では、アラジンとジャスミンが魔法のじゅうたんで初のデートに出かける際の男女のウキウキとしたやりとりが、感情の振り幅も表現しつつ歌いあげられます。**語りかけるように、話しているように歌われるミュージカルの劇中ナンバーを聞いて、聞こえるとおりに、忠実に歌ってみる練習を何度**

もすることで、自然ときれいな英語の発音を身に付けられるのです。

アメリカでひと昔前にはやったドラマ『glee／グリー』もおすすめです。毎回クイーンやマドンナなど、誰もが知っているような洋楽のヒット曲を、役者たちがミュージカル風に感情をのせてカバーして歌っているので、オリジナルよりも歌詞が断然クリアーでわかりやすいのです。取り上げられているナンバーから好きなものを選んでお手本にして歌うのは、発音やリスニングの訓練に最適です。

また、ふだんの生活で使えるような単語が入っている曲を選ぶことも大切です。ゆっくりとした曲調で、日常の簡単な単語や言い回しを使って、登場人物の気持ちを表現するディズニーのバラード調の曲などは、最初に挑戦するのに適しているでしょう。

自宅で一人カラオケも可能な時代！

私の家のテレビにはプレイステーション®がつながっていて、第一興商の通信カラオケ「DAM」のアプリが入っています。コロナ禍でもストレス発散として、洋楽を歌うことができました。DAMには「Nipponglish」という、洋楽の英語の上に出てくるカタカナの表示がネイティブの発音に限りなく寄せられた、とても便利な機能が搭載されています。年々曲数も増えていますし、**楽しく英語の発音を練習する教材として取り入れるのも良いかもしれません。**

もちろん、通信カラオケがなくても、音楽で学習することは可能です。ナンバーが決まったら、まずは歌詞を確認しながら繰り返し聞く必要がありますが、今はApple MusicやAmazon Musicなどを利用すれば、スマホやパソコン上で歌詞を表示させながら一緒に聞くことが可能です。歌詞の中に知らない単語が出てきたら、止めて確認することもできます。

洋楽に合わせて歌う、をひと通り実践してみると、音読のやり方と一緒ということがよくわかるはず。半ば遊び、楽しみながら正しい発音とリスニングスキルの向上に役立ちます。

多聴をマスターした耳はインプットのポータル

これまでご紹介したリスニング学習法は、すべて「口に出しながら正しい発音をマスターする」ことがセットになっています。

何度もお手本の音声を聞いて実際に口に出す——これは「精聴」です。対して「多聴」もあります。

「精聴」と「多聴」の関係は、「精読」と「多読」の関係に似ています。

リーディングでは、最初は精読をやり、ある程度慣れてきたら多読も始め、レベルが上がってきたら多読の割合を増やす、というお話をしました。リスニングも、**精聴をみっちりやってある程度聞こえるようになってきたら多聴を中心に学習していくようにするので**す。英検準1級レベル、CEFRでB2レベルくらいまでになれば、多聴中心に切り替えるべきでしょう。

多聴ができるようになると、英語学習はものすごく楽になります。もっと具体的に言うと、インプットが非常に楽になるのです。

なぜかというと、ネット上に無限に存在する、ニュースや**オーディオブックが使えるからです。**つまり新聞や小説を紙で読まなくても、オーディオブックなどでダウンロードして音声で聞けばよくなるのです。読まずに聞くだけでインプットができると、移動中に参考書や本をわざわざ開く手間が省けます。**新しいものだけでなく、学習した過去の英語教材もすべて耳をポータルにして頭に入れることができるようになるわけです。**

リスニングのレベルが上級者に達すれば、インプットが耳だけで完結できるので、ながら学習で気軽に情報が吸収できるようになります。

同じレベルの英語であれば、**聞いてわかるものは読んでもわかります**。同じように、話すことができれば同レベルの英語を書くことができます。

では、同じ英語を勉強するときに、①聞いたり話したりして勉強するのと、②読んだり書いたりして勉強するのと、どちらが早くて楽にできるでしょうか? 答えは①ですよね。日本語でも同じことですが、聞いて話すインプット&アウトプットのほうが、読んで書くというインプット&アウトプットよりも、だんぜん時間が短くて済むのです。

英語が聞こえる耳を手に入れると、例えば「NHKワールド JAPAN」のニュースを毎日10分間聞いて理解するのは、新聞を毎日数ページ読んでいるのと同じことです。しかも、その速度で理解できるようになるわけですから、インプットの量が加速度的に増えていくわけです。

もちろん、読み書きもしっかり学習しなければなりませんが、この2技能中心に学習を続けていると時間がかかりすぎます。また、隙間時間の有効活用が難しいです。「聞くのと読むのとではどちらの技能が大切か、話すのと書くのとではどちらの学習が大切か」ではなく、大事なのは、**4技能を効率良く組み合わせて学んでいくこと**です。二十歳になった子どもに「使える英語力」を身に付けさせるには、4技能をまんべんなく学習する習慣を続けていくこと。これに尽きます。

「リスニングはできるけれど、読解が苦手」と話す人がよくいます。こういった悩みを抱える教え子も数多くいます。じつはこれ、リスニング問題で使われる英語のレベルのほうが、リーディング問題で使われる英語のレベルよりも低いためである場合がほとんどなのです。聞いている英語のレベルが低いため、同レベルの英語は読めても、それより上のレベルの英文は読めないのです。

この問題は、聞く英語のレベルを上げることで解決できます。**読解で勉強した問題を聞いて、リスニングのレベルを上げていけばいいのです。**このように耳をポータル化することは、英語の勉強の進度を一気に早める加速装置なのです。

おすすめの多聴コンテンツ

私も多聴は大好きで、今も続けています。多聴でもっとも便利なのはポッドキャストでしょう。楽しく聞ける番組がたくさんあります。ただし、サブスクライブしすぎると、エピソードがたまっていくばかりでストレスとなるので、最初は欲張らず番組を絞ったほうがいいかもしれません。

おすすめは、中級以上レベルであれば、**「NHKワールド ラジオ日本」のEnglish News**です。毎日のように更新されていくので、最新のニュースを英語で簡単にキャッチできます。初心者からでもトライできるのが**「VOA（Voice of America）」**です（https://learningenglish.voanews.com/）。VOAは、アメリカの文化と言葉を世界に広めるためのアメリカの国営放送です。世界中の英語学習者を取り込むための、アメリカの情報戦略の一環という位置づけともいえるでしょう。

内容としては、アメリカの歴史や文化、言葉の成り立ちといった事柄が、学習者でもわかるような簡単な英語で紹介されるほか、アメリカを中心としたニュースも数多く配信されています。通常、文字＋音声のセットですが、動画の場合もあります。

英語を学習中のノンネイティブスピーカーでも無理なくわかる語彙と構文でできた英語が、ゆっくりしたスピードで話されます。アメリカや英語にまつわる、今まで知らなかったトリビア的な話も多くて、知的好奇心も満たしてくれるような内容になっています。面白い話題が満載で、しかも簡単な英語でそれらが十分理解できるのもＶＯＡの魅力です。

例えば、日本語の「鬼のいぬ間に洗濯」に相当する、When the cat's away the mice will play.（猫がいないときにはネズミが遊びまわる）ということわざの成り立ちや、実際に日常のどんな場面で使えるかを実例たっぷりに、わかりやすく解説してくれたりするのです。簡単な英語が標準的なアメリカ英語でゆっくり読みあげられるため、シャドーイングなどの音読学習にも最適です。だいたい英検2級レベルがあれば、理解できる内容といえるでしょう。

オーディオブック、海外ドラマを英語で楽しめるようになれば、ほぼゴール！

子どもがある程度、多聴ができるようになったら、オーディオブックで好きな書籍を〝聞きまくる〟こともルーティンにぜひ組み込んでいただきたいと思います。単純に楽しいので、暇つぶしにも最適です。

また、昨今はケーブル放送などもチャンネルがたくさんあります。動画配信サービスのなかには、英語の映画や連続ドラマを日本語の音声吹き替えにしたり、日英の字幕を出したり消したりの選択が自由自在にできるものも。

ただし、刑事、法廷、そして医療ものなどは専門用語も飛び交うお仕事シーンも多くなるので、**『フレンズ』『フラーハウス』といったシットコムがおすすめ**です。家やカフェなど日常の一般的なシーンを切りとったコメディーなので、ふだん使いの英語表現を、楽しくたくさん学ぶことが可能です。

最近は動画配信サービスの出現もあり、さまざまなシットコムにアクセスできますから、ティーンが主人公で子どもが感情移入しやすいものを選んでもいいと思います。

アメリカやイギリスの映画やドラマに抵抗がある場合は、日本のアニメやドラマの英語版も良いでしょう。英米のものよりも英語は比較的簡単なことが多く日本人にはとっつきやすいでしょう。サブスクリプションで手に入らないものは、アメリカ版ブルーレイなら手に入ることがあります。宮崎駿氏が手がけたアニメや、新海誠監督の『君の名は。』『天気の子』などが中高生にはおすすめです。

英語の作品を楽しんで見続ける習慣ができてしまえば、その後の英語学習は圧倒的に有利な状態になります。**エンタメやニュースといった音声や映像によるインプットは、もう学習なのか遊びなのかわからなくなってきます。**

そうなればしめたもので、この先ずっと楽しみながら英語をインプットできるようになるのです。現状では途中でつまずく学習者が多いのが実情ですが、**親も一緒になって、楽しみながら見たり聞いたりするといった工夫をして、**子どもが英語の音声や映像でインプットを行うルーティンをつくり上げてしまってください。

でも結局全部は聞こえるようにならない！

外国語の学習で重要なのは、ambiguity tolerance（曖昧さに対する許容力）という考え方です。平たく言うと、**「完璧を求めすぎない。適当を良しとする」**ということです。こういった姿勢で外国語の英語と付き合わないと、いつまでたってもイライラしてしまいストレスがたまることになります。

私も、一時期、ほとんど聞きとれているにもかかわらず、聞きとれない部分が気になってしまい、英語を聞いている時にパニックになってしまうことがありました。これは、すべてを完璧に聞きとろうとしていたからです。でも、私たちが日本語で医療や法律に関する映画やドラマを見ているときにも言っていることが全部わかっているわけではありません。また、けんかのシーンなどでは何を言っているかわからないこともよくありますし、地域のなまりが聞きとれないこともあります。英語でも同じことなのです。

聞きとりをするときには、内容に〝濃淡〟を付けて大事な部分を聞き逃さないことが重要です。例えば私はCNNニュースをよく見ますが、内容が全部わかるかというと、答えはノーです。ただし、大事なところは理解できます。いつも出てくる医療専門家が新型コロナウイルスの対処法を話している映像を見ていると、専門用語もあってわからない箇所がちょこちょこ出てきます。

このとき「全部理解しよう」とする姿勢で聞きとりに挑むと、わからないときにパニクってしまいます。「あ、わからない。どうしよう!?」と思考が停止してしまい、後続の英語が入ってこないのです。

ところが「英語なんて外国語だし、わからないところぐらい当然あるよな。100パーセント理解できるようになるなんてまず無理。9割方聞きとれれば概要はわかるから大丈夫」くらいの姿勢で聞くことができれば、ぐっと気持ちが楽になって聞きとれるようになります。

そもそも医療系のニュースは、日本語で聞いても100%はわからないことが多かったりします。けれども言わんとする骨子はわかるからと、理解できない部分は聞き流せばパニックにもならず最後まで聞ける。さらに、わからなかった箇所も、ふつうは特に調べたりはしません。日本語の場合と同じですね。

こんな曖昧さを許容、容認する姿勢を、英語を学ぶときにももつわけです。この姿勢は多聴に限らず、言語習得の全般で必要になります。そういう気持ちでできれば、小説や映画などにもチャレンジしやすくなります。

多聴も多読も、大方がわかれば大いに楽しめます。そしてやり続けているうちに理解率はゆっくり上がっていくのです。100%に達することはまずあり得ませんが、聞こえるように、読めるようになっていきます。

精聴やディクテーションをずっとメインにやってきて、じゃあ多聴を本格的にやっていこうとなった当初は、「だめだ。全然聞きとれない!」と感じることがもちろん多くなるでしょう。そんなときも、「始めたばかりだから当然。これから徐々に上がっていく」と、気楽な気持ちで続けることが大切です。

子どもがすぐギブアップしそうなら、「続けていれば聞きとれる量も増えてくるって。あと全部わかろうとしないでいいみたいよ。専門家もそう言っていたから、もう少し続けてみたら?」とでも声をかけてみてください。

3 スピーキング

日本人にとっては最大の難所といえるかもしれません。リスニングとリーディングは、そこそこできるようになる人が多くいます。ただスピーキングができる人の数は、さらに少なくなります。**スピーキングでは、英語自体の能力に加えて、メンタルな要素が重要です。**この技能はスポーツとよく似ていて、やってみて失敗から学ぶ以外の習得方法がありません。何か特別な練習方法を繰り返せば、ある日いきなりカッコよく話せるようになる、などということはないのです。「話してみて通じずに直した数」イコール「スピーキングの実力」なのです。だから、話せるようになるためには無数の試行錯誤を繰り返していかなければなりません。だから英語を最速で話せるようになるためには、恥の感覚を麻痺させることが必要なのです。「別に間違って話しても、一瞬恥かいて終わり。直せばいいじゃない。外国語なのだから間違うのは当たり前。大したことじゃない」という境地に達するのです。

どうしても照れの感情が強い**中学生、高校生は、ほかの年代の人に比べて、英語の発音や文法の間違いを気にしすぎて発話しない傾向があります。**だから、指導者側でも彼らの照れをとり除き、間違いを許容する環境をつくってあげるための最大の努力が必要となります。

アウトプットは大胆に

ここでしゃべれるようになるためのスローガンを2つご紹介しましょう。
1つは**「インプットは繊細に」**。例えば、間違った発音でインプットしたりするのはダメだということです。舌の位置や唇の位置などに気を付け、正しい文法で丁寧に音読して英語を覚えます。
もう1つのスローガンは**「アウトプットは大胆に」**。いざ話すときには、発音や文法などを意識しすぎないで、間違ってもいいからとにかく口に出してみよう、ということです。
いくら頑張って発音を勉強しても、外国人を目の前にしていざ英語で発話するとなると、とてつもなく緊張しますから、きれいな発音なんて最初からできることはまずありません。ふだん、シャドーイングで練習しているときは口の動きが完璧という状況でも、生身の人間を前にしたら舞い上がってできなくなる。当たり前のことです。

このあたりはスポーツと同じでしょう。バッティング練習をふだんから懸命にやっていて練習ではいい球が打てても、いざ試合となると、うまく体が動かずまったく打てない。だからこそ、練習だけでなく実戦でトライすることも大切になってくるのです。実戦でトライ&エラーを繰り返しながら、そのつど直していくしかないのです。

これが「インプットは繊細に、アウトプットは大胆に」のゆえんです。**間違えながら体に覚え込ませていく。最初からきれいにしゃべるのは不可能です。**どんなに繊細かつ正確に発音練習と文法練習といったインプットをしていても、アウトプットするときは、発音も文法もたくさん間違えるのです。スポーツと同じで「あんなに練習したのに出てこなかった！　つぎはここを必ず直そう」といった箇所がざくざく出てくるのです。

別の言い方でこのスローガンを説明すると、**Fluency first, accuracy second.**になります。fluencyは、言葉が口からポンポン飛び出してくる流暢さのことです。口にした英語が合っているか間違っているかより、変な間がなく、矢継ぎ早に言葉が出てくる様子です。反射的に口が動く感じですね。

「英語はデタラメでもいいから、とりあえずしゃべってみなさい」といったアドバイスを聞いたことがあるかと思います。最初はデタラメでいいんです。誰でも最初から完璧はあり得ません。外国人に向かって初めて英語を話すのであれば、間違いが多いだけでなく、相手に理解されない（通じない）可能性だって大いにあります。

でも、デタラメのまま放置してはいけません。口に出して通じなかった場合は、どこが間違っているのかを検証し、直していくのです。間違いを認識して、正しい言い方を学んだら、もう1回、正しいほうで言ってみるのです。

この間違いのあぶり出し、正しい言い方を学んで修正する部分が、accuracy second（正確さは二番目に）に相当するのです。

間違えれば正しい英語を覚えられる

けれども**日本人は、英語に関してはどういうわけかAccuracy first, fluency**

never comes.となっているという厳しい現状があります。

「英語を話したい！」と望む大半の人が、本ばかり読んで正しい英語をインプットすることばかりに専念しているのです。「ダンスが踊れるようになりたい」と言いながら、実際に体を動かさず、ダンス教本ばかり読んでいるのと同じです。どんなにダンス教本を読み込んでも、初めて踊ったときは人に笑われるほどぎこちない動きになるのがつねです。ダンス教本を読んだらすぐ実際に踊って試してみる、おかしな動きを笑われたら、中断して修正。このようにしながら正しい動作を身に付け、徐々に上達していくのです。

英語も同じことです。英会話教本ばかり読んでも実践しなければ話せるようにはなりません。とにかくしゃべるのが先で、直すのはそのあとです。この順番でやっていけばスピーキングは上達します。

私も英語をモノにする過程で、口にしてきた英語を私も何度となく笑われた経験があります。発音練習はさんざんしたつもりでも、いざ話してみると噛みまくって、「何語を話しているの？」と爆笑されたり、みっちり文法を勉強したつもりだったのに、実際の会話の場面では、変な語順で話してしまって失笑されたりしました。

笑われるともちろん、恥ずかしいですし凹みますが、**笑われたことで間違いをずっと忘れずに、覚えていられるようになるのです。**さらに、正しく直した英語に関しても、「あいうシーンにまた遭遇したら使う」とピンポイントで使用場面もわかるので、失敗から学ぶことは大切なのです。

実際には、相手もこちらが外国語で一生懸命話しているということはわかっているので、こちらがミスをしたときにバカにして笑うというようなことは、ほとんどありません。教養のある相手であればその点を過度に恐れる心配はありません。

今の自分の英語で話しながら改善する!

リスニングは発音にこだわってやらないとなかなかできるようになりませんが、**スピーキングに関しても、通じるレベルの発音をマスターすることは大切です。日々の発音練習は欠かさないようにしましょう。**

しかし、発音を気にしすぎるあまり話す声が小さくなったり、不明瞭になったりすると、聞き手の理解度が落ちるので気を付けましょう。スピーキングは発音や文法以外にも、声の大きさや身振り手振り、表情など、さまざまな要素を駆使して行うものです。発音だけを気にするあまり、ほかが疎かになって理解されにくくなることもよくあります。発音に関してもPractice makes perfect.（習うより慣れよ）の精神でトライしていくことが何よりの訓練です。

間違うことは究極の記憶術

本筋から少しそれますが、英語のスピーキングで恥をかいた私の体験です。

アメリカのある州に行ったときに、ひとりで地元のバーに初めて入りました。スラングのF×××やS×××などが飛び交う大衆酒場でした。周囲の客と話していたときに、「皆さんが使っている口語表現はよくわからなくて」と言いたくて、I'm not acquainted with colloquial expressions like those.と言ったところ、大爆笑されたのです。

colloquialは、「口語の、話し言葉の」という意味の形容詞ですが、あとで辞書を調べてみると、「教養のある人が日常会話で使う言葉についていい、無教養者の言葉とは別」というような補足の記述がありました。

「くだけた」くらいの意味で使ったつもりのcolloquialだったのに、このひと言でかなりお高くとまった、いけすかないやつだと思われてしまったのかも。もしくは、「ほとんど英語が通じないのに、変な単語を知っているな」と滑稽に映って、笑いをかっさらったのかもしれません。

とにかく、「こういうカジュアルな場所には、colloquialはそぐわないんだ。informal expressionsやcasual expressionsと言ったほうがいいのだな」と、私の中で修正がなされたのです。この単語に関してはもう2度と、同じような誤用はしないでしょう。

私の体験はかなりマニアックなケースではありますが、本で読んでインプットした知識は、こんなふうにつねに同時並行で実際に使ってみる。この作業も欠かさず行っていく必要があるのです。そうすれば、いろいろな気付きがあり、絶対に忘れない記憶となります。

日本人は、きちんと準備してから実践に移りたがろうとしすぎです。準備だけに何十年も費やし、実践する日が一向にやってこない。**インプットだけでは、スピーキングはできるようにはならないのです。**

準備したらすぐやるのがスピーキングです。やりながら間違えながら、その場その場で直していけばいいのです。というよりも、そうしていくしか手はありません。このマインドセット（考え方）を早くから身に付けることが大切です。英語を話して間違うことを恥ずかしいことだとは思わず、身振り手振り笑顔を駆使して、試行錯誤でうまくなっていきましょう。

スピーキングはどう鍛えるべきか

スピーキングの実地訓練をどう行えばいいのかをお話しします。

学校のALT（Assistant Language Teacher）は、身近にいて、気軽に英会話ができる存在です。ただし、ALTの数は限られているため、英語ネイティブの先生をずっと独り占めにして、英会話の相手を日常的につくるのは難しいのが現実です。

そんな状況ではありますが、ALTには積極的に話しかけてみるよう促すべきです。ALTを訪ねていって話しかけるとふつうは喜んでもらえます。ですから自分から歩み寄りさえすれば、英語が話せるチャンスを得られるのです。1回5分だとしても、簡単な会話の反復練習になり、モチベーションが上がります。

ＡＬＴだけでなく、学校の日本人の英語の先生を訪ねてみるのも、もちろんいいでしょう。なかにはスピーキングに熱心な先生もいるでしょうから、英会話の練習相手になってくれるはずです。英検やＧＴＥＣの面接とスピーキングテストの練習に付き合ってもらうのもいいと思います。

塾や予備校でも英語が話せる先生がいれば、授業の前後で話し相手になってもらえるか、お願いしてみるといいでしょう。

身内の誰かが英語を使えるのであれば、自宅で簡単な日常会話をするのもいいと思います。

英会話では、なんといっても度胸がモノをいいます。スピーキングは個々の性格によって進歩に差が付く技能ですが、ふだんは引っ込み思案でも、英語を話すときには性格を変えて、積極的になれることもあるものです。親はさりげなく、英語の先生がどんな人なのかを子どもに尋ね、気に入った先生がいる様子なら、授業外でも個別に話しかけてみてはどうかとすすめてみましょう。

オンライン英会話を利用する

ALT、日本人の英語の先生は利用し尽くすべきですが、学校で毎日つかまえるのはやはり無理があります。そこで、子どもに英会話を日常的にやらせる切り札となるのが、オンライン英会話です。

日ごろから私は、**日本の英語学習者は、老若男女、どのレベルの人も全員、オンライン英会話をやるべきだと思っているほどです。**10年以上前にオンライン英会話のサービスが登場したときは、これでついに日本人のほとんどが、英語がしゃべれるようになると思ったものです。

ただ残念なことに、まだそこまで浸透はしていないのが現状です。なぜ英語を学ぶのかと尋ねると、「話せるようになりたいから」と答える人が大半なのに、参考書を買って読んだり、ペーパーテストを受けたり、音声教材を使って発音練習や音読をしたりするばかり。いつまで経っても英会話にトライしないのが不思議でなりません。

もし、わが子がもっと英語を話せる機会が欲しいと望んだら、ぜひオンライン英会話を検討してみてください。**オンライン英会話は、月数千円～の利用料でできてしまうので価格的にもお手ごろです。**毎日25分など英語で会話する習慣ができるので、なによりもまずオンライン英会話は始めるべきだと思います。ただし、**無理強いは厳禁**です。理想的なのは親が先にやっていて、「毎日何やっているの？　何だか楽しそう」と子どもに思わせることです。「えっ、やってみたいの？」と仕向けることがベストです。

自分からやりたがる場合以外は、最初から毎日できるプランを選ぶのは負担が大きすぎると思います。週1、2回コースから始めて、楽しくやっているようであれば、徐々に回数を増やしていけばいいでしょう。

オンライン英会話の先生は、フィリピン人、ジンバブエ人、ケニア人、セルビア人など、英語のノンネイティブの場合もあります。英会話の先生が英語ネイティブでないことに否定的な声もありますが、私はノンネイティブの先生と話すのも良いことだと思っています。まず、自分たちも外国語として英語を過去に学んだ経験があるので、総じて辛抱強いですし、子どもに教えるのもうまい。話すスピードもゆっくりで、使う語彙も限られているので、初学者にはあっているともいえます。

ビジネスシーンではネイティブよりもノンネイティブと英語を話す機会も多く、将来のことを考えると、**さまざまな種類の英語を聞き、慣れておくのは悪いことではありません。**ですから「コミュニケーションの練習」は、どこの国の人とやってもいいというスタンスで臨めばいいわけです。この点でも、ノンネイティブの先生とやりとりするオンライン英会話も非常に有効といえます。

ただし**発音はネックになります。**生のコミュニケーションを学ぶ観点からすると大きな意義があるのですが、私たちがお手本とすべき発音とはいえないことも多いです。ですから発音に関しては、広くあまねく浸透している標準的なアメリカ英語やイギリス英語をお手本にすべきでしょう。日本ではもっとも一般的で、教材がいちばん多くそろうアメリカ英語は、世界でも広く浸透していますから、ノンネイティブの外国人と話すことを考えたときも、理解されやすい英語のひとつといえるでしょう。ですから、ＣＤやダウンロードして聞くアメリカのネイティブの音声を発声練習のお手本とし、ノンネイティブとのオンライン英会話はあくまでも「コミュニケーションの練習」と位置づけておくことが大切です。

ただ、ノンネイティブの先生でも、ほぼネイティブに近いレベルの先生もいますから、そのような先生を継続して予約するのも良いでしょう。また、少し値段は高くなりますが、ネイティブの先生のオンライン英会話を利用することもできます。

「毎日話す」の学習効率はものスゴく高い

何にでもいえることですが、こと英語学習に関しては、**もっとefficiency（効率）を追求するべき**です。同じ時間内でどれだけ密度の濃い学習ができ、自分の英語力に役立つかを考えてみて、ということです。例えばオンライン英会話のレッスンの長さは25分がもっとも一般的ですが、**日常会話のためのフレーズ集を25分読むよりは、オンライン英会話を1回受けたほうが、スピーキングの観点で考えれば、格段に効率が良くなります。**つまり、話すのがうまくなるのです。

スピーキングに関しては、本で勉強できることに限界があります。それよりも経験が大きくモノをいいます。しゃべればしゃべるほど経験が蓄積されるのです。「こう尋ねると、相手はこう反応してくる」「こんな質問をされたら、あんなふうに返せばいいのか」「合いの手はこう入れるのか。ちょうどいい頻度はこんな感じね」「切り返しはそんなふうにできるのか」といった事柄は、経験からしか学べないものです。こういった経験を日ごろから積んでいくには安価で気軽にすぐできる、オンライン英会話は優れた学習ツールです。スピーキングの力は、やればやるほど向上します。話した分だけ力がついていくのです。

会話が途切れないスピーキングをしていくには？

会話が途切れずに、話が盛り上がっていくような英語の話し方を身に付けることもポイントです。会話にはやりとりのパターンがあります。その代表的なパターンを覚えていけばいいのです。

会話の基本は、相手から何かを尋ねられたらそれに答える、逆にこちらが尋ねたことに相手が返答するというものです。例えば、"What subject do you like?" や、"What is your favorite subject?" などと、好きな科目は何かと相手から聞かれたとします（スピーキングテストでもよく出る質問です）。"My favorite subject is math."（私が好きな科目は数学です）、"I like English very much."（英語が大好きです）などとまず答えるわけですが、会話のコツは、**ここで話を終わらせずに、もうひと言追加すること**です。例えば、"I like communicating with people from other countries." のように、その科目が好きな理由を述べることでできます。または、好きな科目を答えた直後に、"How about you?" や "What about you?" など、「あなたはどう?」と聞き返してもいいでしょう。こんなふうにして、会話が途切れないための話し方を学んでいけばいいのです。そして慣れてきたら、ひと言をふた言、三言と、どんどん長めに答えるようにしていくと、会話のキャッチボールがどんどん続くようになるというわけです。

日本人の英会話でよくあるのは、"What is your favorite animal?"(好きな動物は?)と聞かれたら、"Oh, I like dogs."(犬が好きです)と応じて終わってしまうパターンです。相手がさらに質問してきたり、別の話題をふったりしてきてもつねにひと言しか返さない。これが続くと話が途切れやすく、いつしか気まずい沈黙が流れて……。会話は盛り上がりません。

子どもが会話が続かないと悩んでいるようであれば、このあたりを考慮して「答えたあとに、How about you?と聞き返してみてごらん」など、すぐにできそうなアドバイスをしてあげるといいでしょう。

起承転結は英語では通用しない!?

話し方でもうひとつ大事なのは、単刀直入に言いたいことを伝えることです。**日本語では基本の話し方である起承転結で話しても世界の人々はわかりにくいと感じます。**いつになったら本題に入るのか、言いたいことは何なのかと悩んでしまいます。

日本人以外にも理解されるためには、AREモデルといわれる話し方をマスターするといいでしょう。Aは「主張」という意味のassertion、Rは「理由」のreason、Eは「例」という意味のexampleの頭文字です。この順番で話すのを基本にしていくわけです。

「いちばん好きな動物は何ですか?」と聞かれたら、「私は犬が好きです（A）。なぜかというと人間と犬は親密な関係にあるからです（R）。私はシロという犬を飼っていて、彼とは精神的な絆ができているんです（E）」と、こんな感じで話していくと明快で説得力をもたせやすくなるので、相手もしっかり話を聞いてくれます。

スピーキングテストでもAREモデルで話すことが高得点につながります。テストの評価基準は内容と語彙、発音、文法のレベルなどいくつかの項目がありますが、もっとも重要視されるのは発言の内容です。AREモデルを意識して話すと、内容が明確で論理性と一貫性があるとされ、高評価につながります。AREモデルのような話し方ができれば、**ただの英会話にとどまらない、発表のような少し高いレベルの英語のスピーキングにも役に立ちます。**

写真描写で表現の幅を広げる

英語のスピーキングでは会話と発表に加えて、描写も大事でしょう。描写とは、写真に写っているものや目に見えるものを説明していくことです。これを英語でやっていくとインプットの質が高まります。さらに、ボキャブラリーを増やすことで描写力はどんどん上がっていきます。例えば旅行やイベントの写真を見て写っているものを大枠から説明してみるのです。

写真描写の練習はとても便利な学習法です。写真であれば、自分の生活圏内にないものを説明する力を付けることもできるからです。例えば北極の写真を見ながらglacier（氷河）

などと、日常では目にしないものについて発話する訓練になるのです。会話をする相手がいなくてもできるので、スマホやＳＮＳにアップされた写真を英語で描写するなど、手軽に実践できるのも魅力的です。

オンライン英会話なら、旅行に行った場所の写真などを先生に送り、それを描写すると話が盛り上がります。また、相手の国の名物の写真を描写したりするのも喜んでもらえます。

点数が出る発音練習アプリを利用する

スピーキングのための発音練習にもってこいなのが、発音認識学習ができるソフトやアプリです。「MyET（マイイーティー（https://myetjapan.com））」という学習システムがあります（ETはEnglishTutorの略）。これは、パソコン、タブレット、スマホで発音や対話の練習ができるアプリです。音声分析システムが利用者の発音を瞬時に点数で判定する優れものです。

お手本のネイティブスピーカーの英語を聞いた直後に、聞こえたとおりに自分の声で発音すると、発音、ピッチ、リズム、強勢の4項目が即判定され表示されます（各100点満点）。カラオケを歌ったあとで点数が表示されるのにちょっと似ています。続けてやってみると、「自分はピッチの点数がいつも低いので、英語らしい音の高低や調子をもっと意識して音読しなきゃ」といった、ちょっとした自己分析も可能ですから、正しい発音のマスターにもつながります。無料のトライアルだけでもけっこうなボリュームがあります。

また、「English Central（https://ja.englishcentral.com/browse/videos）」という世界でも広く活用されているサービスもあります。英語学習に役立つ大量の動画がストックされていて、これをリピートすると、発音が判定されていく仕組みになっています。また、ディクテーションをしながら単語を覚える機能などもあります。さらに、動画で学習したトピックに関して、オンライン英会話で話すこともでき、ワンストップで4技能が勉強できる大変優れたおすすめのサービスです。

4 ライティング

第3章でお話ししたように、聞こえることと同レベルの英語は読んでも理解することができます。（84ページの図「4技能は相互に関連している」参照）。そして、話せるのと同レベルの英語は書けます。例えばスマホに向かって、"I was born in Kyushu and lived there until I was 18 years old. Then I came to Tokyo and studied English in a college." と話したら、この英文が入力されます。つまり話せる英文は書けるわけです。私も、最近、スマホのEメールに関しては、日本語も英語も音声認識機能を使って書くことがほとんどです。つまり話す英語のレベルを上げていけば、同等のレベルの英語は書けるようになるわけです。

だから**しゃべる力を上げていくことは、書く力を上げることにもつながるわけです。**読解はリスニングによって増強される。またリスニングによってスピーキングは増強される。

さらにスピーキングによってライティングが増強される。そして英文を自分でしっかり書けるようになると、人の書いたものも深く読めるようになるというわけです。英語の技能はお互いに助け合い深め合うのです。

ライティングも、スピーキングと同様に、試行錯誤しながらやっていくべきです。話すのが先か、書くのが先かというよりは、**しゃべったものを書いたり、書いたものを話したりと、交互に行っていけばいいのです。**

話す前にスピーチ原稿を書いて暗誦するのは良い練習にはなるのですが、留意点もあります。例えば各国の大統領や総理大臣などは、スピーチライターが事前に書いた原稿が表示されたプロンプターを見ながらスピーチすることが多くなりますが、これだとどうしても棒読み感が出てしまいます。書いたスクリプトを読みながら話すことはこのように不自然なものになるので、真のスピーチとは言いがたい部分があると思います。暗誦したものを発話する場合は感情を表現するよう努めましょう。原稿を書くこと自体はライティングの練習に有効なので、話す機会がなくても「スピーチ原稿を書く」訓練はおすすめです。ただ、もっとおすすめなのは、短くてもいいので、即興で発話する練習をすることです。

4技能学習の循環例

1 インプット

英文のリスニングをしてからリーディングで深める
↓
リスニングを繰り返し、インプットを固める

2 アウトプット

インプットされた内容について、
英語で問答や議論をする（スピーキング）
↓
問答や議論をした内容を英語で説明する（スピーキング）
↓
説明した内容を書いてまとめる（ライティング）

本来スピーキングというのは、覚えたものを唱えるのではなく、その場で考えたことを伝える行為ですから。

英作文は「英借文」

２９３ページの「４技能学習の循環例」にあるように、スピーキングとライティングは、インプットした英語の知識をいろいろと組み合わせて自分の言いたいことを表現する行為です。

昔からよく「英作文は英借文だ」といわれていますが、じつは私たちはイチから英語を作っているわけではありません。単語をつなぎ合わせて覚えたフレーズをつなげて文をつむいでいるのです。

"To tell you the truth, there's something I've been meaning to say for a long time."（じつはですね、ずっと言いたいと思っていたことがあるんです）という一文を言ったり書いたりするとします。これは、to tell you the truth（じつは）とthere is something…（～があるんです）、I have been …ing（私はずっと～している）、mean to do（つもりであ

る）、to say（言う）、for a long time（長期間にわたって）といった**パーツをかき集めて作っている**のです。そして、正しくつなぎ合わせるために、私たちは文法の基礎ルールを学ぶわけです。

もちろん、ルールに沿って組み合わせたつもりでも、実際にはそういった言い方はしない、そんな組み合わせはない、ということはいくらでもあります。文法上は合っていたとしても言葉ですから、実際には使わない、言わないということがあるわけです。

日本語で考えてみるとわかりやすいでしょう。例えば、日本語を学んでいる外国人が「犬の手も借りたい」、「万戦錬磨」と言ったとします。すると先生は、「犬ではなく猫、万ではなく百を使うのですよ」と教えることになります。これは**文法のルールがどうのこうのではなく、単にそういう言い方をすると決まっているからとしか言いようがないものです。**

ですから、私たちも英語を学ぶ際は、まずはネイティブスピーカーが書いている英文をたくさん読んで覚えて、それを組み合わせて書いたりしゃべったりしながら、試行錯誤を繰り返し、間違いから学んでいきます。

このように、アウトプットするときはイチから英文を作り出しているのではなくて、インプットして覚えたパーツを組み合わせて、自分の意見を言ったり、状況を説明したりしているのです。

英語を塊で覚えるための「リード&ルックアップ」

ですから、ライティングやスピーキングがうまくなるためには、たくさんの例文をまず覚えなくてはなりません。例文を覚える、つまり**インプットする時点で、音読をしながら記憶にとり込んでいくようにするのです。**なかでもアウトプットに役立つ音読の仕方には、リード&ルックアップといわれる練習があります。

これは英文を音読する際、ワンセンテンスごとに最初は文字を目で追いながら声に出し(リード)、つぎは顔を上げて文字から目を離して声に出す(ルックアップ)、というもの。つぎのセンテンスも、そのつぎのセンテンスも同様に……と繰り返し行っていきます。もちろんこの練習は、さんざんリピーティングなどの発音練習をして、発音をある程度マスターしたあとに行います。このことによって、受動的に理解することから能動的に発話するための架け橋をつくることができます。

もう一手間加えると、ライティングの練習になります。暗誦したフレーズを発話するときに、誰かに話しかけるようなつもりで音読し、さらにそれを書いてみましょう。これは「音読筆写」ともいわれるもので、書くための訓練として最適です。文字は手書きしても、パソコンでタイプしてもいいでしょう。

教材には、発話したり書いたりすることを前提としたものを使いましょう。まずはやはり汎用性の高い学校の教科書を活用するのがおすすめです。長文を聞いて音読し、つぎはリード&ルックアップで話す訓練。さらに音読筆写。リスニング、リーディング、ライティングを融合してアウトプットの準備ができます。これを習慣的に続けていけば、実際のアウトプットで自分の意見を述べたり、状況説明したりする際に使えるパーツがたくさんたまっていくはずです。

どんどん書く→添削をしてもらう→弱点を潰す

ライティングもやはり「Fluency first, accuracy second」をモットーとしましょう。「まずは書いてみて、間違いを直していく」ということです。最初から完璧な文など書けるはずがありません。まずは**間違いを恐れずにどんどん書いていくことが大切です。**

ただし、書きっぱなしで終わらせてはいけません。添削をして正しい英語に直してもらうようにします。**ライティングできちんと文法や単語の用法を添削してもらえば、スピーキングの正確さも上がっていきます。**

書いた英文はしっかり添削してもらうことが重要です。私たちの業界ではネイティブチェックと呼びますが、プロの英文ライターでも欠かさないプロセスです。添削が戻ってきたら、添削で正しくなった英文をよく確認して自分の弱点を直します。こうすることで、ライティングはもちろん、スピーキングの英文も正しいものになっていきます。ライティングとスピーキングを組み合わせることは、スピーキングの発話精度を上げていくことにもつながるわけです。

では、ライティングの添削は誰にしてもらえばいいのでしょうか？　まずは学校の先生、ALT、塾の先生などに頼んでみるといいでしょう。「先生、英作文を添削してください！」「英語で日記を書いてみたので直してもらえませんか？」と頼む生徒はそう多くないはずです。

でも、忙しい先生に頼むのも、子どもからすると気が引けるかもしれません。そこで利用したいのが、**オンラインの添削サービス「グラマリー〈Grammarly〉**(https://www.grammarly.com)**」**です。

サイト上で英文を書くと（または書いた英文を貼り付けると）瞬時にスペルチェック機能が作動するだけでなく、かなり高度な文法の間違いまでも指摘してくれるうえ、間違えた箇所はどのように直せばいいかの提案もなされます。完璧とまではいきませんが、初歩的なミスはない、それなりの英文が書けるようになるので大いに活用しましょう。

じつは私もかなり愛用していて、英文メールを書く際はよくお世話になっています。ネイティブにも利用者が多くいます。

英語ネイティブの生徒や学生もよく使っているGrammarlyは、中学生から使い方を覚えて利用していきたいものです。操作はすべて英語になりますので、英語を少し理解する必要がありますが、熟知していないと使えないほど難易度は高くありません。ライティングの日常的なツールとして使いこなせるといいと思います。

Grammarlyには、有料ではありますが、人間による添削機能も付いています。ネイティブのプロが、ユーザーが書いた英文を有料で添削してくれるものです。このほか、ネット上には英文添削サービスがたくさんあります。「**英語便**（https://www.eigobin.com）」や「**Poligo**（https://poligo.com）」など、主要なものを比較して、自分に合ったものを見つけ、お抱え添削サービスにしておくと良いでしょう。

2つのサブ技能
グラマーとボキャブラリー

最後に、4技能をマスターするのをサポートするグラマーとボキャブラリーの2技能について、簡単にお話ししたいと思います。

文法は基礎的なものをしっかり！

2021年より導入された大学入学共通テストでは、英語の文法問題がなくなりました。

そのため、これから大学受験を経験する中高生は、「出ないのならやらなくていい」と単純に考えがちです。

けれども英語は外国語ですから、文法の知識はやはり大切です。不定詞、動名詞、関係代名詞が何かをまったく知らずに、ただ適当に英語を聞いたり読んだりしているだけでは、書けるようになるのも、読めるようになるのも難しいでしょう。

ある程度知っていないと困る文法ですが、ハマりすぎるのも良くありません。日本ではよくある話ですが、文法学習に没頭しすぎてしまった結果、英語本来の技能の訓練が疎かになっている場合があります。文法は奥が深いので、突き詰めていくと、面白さが増します。でも、文法は技能を習得するための補完的存在なので、それ自身の学習に時間をかけすぎるのは避けてもらいたいところです。また、学習する場合も4技能に結び付くような学習をしなければならないと思います。

ですから子どもが、〝頭でっかち〟にならないよう見守ることも大切です。**机で文法問題ばかりを解いている、そして英語は一切口にしていないとなったら危険信号。**教科書の音読や多聴、オンライン英会話など、英語を音で学び、反射神経を高めるほかの分野の学習をやるよう促しましょう。

文法は教科書レベルまでマスターすれば十分

文法は、高校の英語表現（論理表現）の教科書に載っているレベルの規則まで学べば、一旦は十分です。ただ、検定教科書では、例文の列挙にとどまっていることが多いので、それらを理解するために何らかの解説は必要だと思います。

中学の英文法＋仮定法、分詞構文、原形不定詞、関係副詞くらいまでをしっかり理解できるようになれば、あとは英語を使いながら細かい点をブラッシュアップしていけばいいと思います。

「文法を完成させるのが先決。ほかの勉強はそのあとやればいい」とよく塾や予備校などで耳にしますが、それに関しては「文法は完成しない！」とはっきり言いたいです。**「完成しないので適当なところで区切りを付ける」が本来あるべき姿だと思います。**勉強としての区切りを付けるラインは、中学の英文法プラスαです。プラスαは高校1年あたりまでの英文法です。高1までの文法知識を使って、4技能に挑戦していけばいいのです。そして、英語を使いながら必要が生じた時点で必要な文法ルールを補完していくようにしましょう。

実用的に使う英語では、大学受験の難問に登場するような難しい文法ルールはじつはそうは出てこないのです。話すときも書くときも、上で述べた基本の文法項目が中心となります。逆に話したり書いたりするときにそのような珍しい文法表現を使うと不自然な英語になってしまうこともあります。だから、汎用性の高い基本英文法を使うことが重要なのです。

そのような理由で、文法の勉強は止めどころが重要になります。追いかけると際限なく学ぶべき点が出てきて、全部が理解できたとは到底思えない。それで泥沼のように文法の深みにどっぷり浸かってしまうわけです。いくら大学受験に珍しい英文法が出てくるとしても、そのような問題を出す大学も今ではまれですから、志望校がそのような大学に当たった場合のみ、高3の2学期以降に対応すればいいと思います。

4技能の学習をやりながら文法を学ぼう!

もし、4技能の学習中に「?」となる箇所が出てきたら、適宜英文法をおさらいすればいいでしょう。例えば英作文をして「こう書きなさい」と訂正された箇所を見て、当該の文法をおさらいするという感じです。

「分厚い文法書を一冊全部やってから」と考えていると、貴重な練習時間が「準備の準備」である文法学習に食われてしまいます。

前述のとおり、**高1までの基本文法をひととおりやったら、文法は一区切り**です。そのあとは、ほかの技能を学びながら、疑問が生じたときに必要に応じて、そのつど文法に立ち返っておさらい、確認していく学習にシフトチェンジします。文法は、基本を押さえたあとは、必要に応じて実際に使うもの、使い勝手のいいものを、英語を使いながら学んでいくのだと考えましょう。高校生になったわが子が分厚い文法の参考書と格闘していたら、軌道修正を提案してあげてください。

もちろん、先にも述べたとおり、例外的に、必要な文法レベルを超えた、高度な文法を必死に勉強しなければならないケースがあります。それは、そういった難解な文法問題を出すほんの一部の私大を受験する場合です。志望校なのであれば、「文法問題は、志望校によっては勉強しなければならない国語の漢文のようなもの」と割り切って学んでいくしかありません。そのような勉強をやりたくないのであれば、マニアックな文法問題は出さない、大多数のほかの大学を受験すればいいでしょう。

今の大学入試では、ライティングが重要視され、自由英作文が出題される傾向が強まっています。**自由記述ですからわざわざ難解で不自然な表現を使うのはマイナスです。**そのような傾向もあり、書くために必要となる、英文法の基本を学ぶことが重要なのです。

英文法の学習目的は、「文法問題を解くため」ではありません。「書くため、話すため、読むため、聞くため」なのです。これから大学受験を控える子どもをもつ親御さんは、このバランス感覚をしっかりもっておきましょう。

ボキャブラリーは英文とセットで学習する

ボキャブラリー増強のためのアプリが、数多くリリースされています。「ゲーミフィケーション」と呼ばれる、ゲーム感覚で楽しく覚えられるものが主流ですが、学習の原理や効果を突き詰めてというよりは、作りやすい方向にアプリ開発がなびいてしまっている気がします。

ほとんどのアプリは例文も一切なく、英単語をただポツンと1つ見せて、4〜6つの日本語の意味の選択肢の中から答えを1つ選んで、正解、間違いがわかるといったもの。意味を間違った（不正解だった）単語は集積されてあとでチェックできたり、テストとして再び出題されたりするわけです。

たしかに最後に記憶を整理するのには役に立ちますが、例文もなく単語に1つ日本語を当てて暗記するのは、あまり役に立つ語彙の習得法とはいえません。

では本来の語彙学習とはどういったものでしょうか？　例えばstand for（表す）という意味の慣用表現は、これだけを単体で覚えていても何の役にも立ちません。「表す」という意味のstand forが、どのように使われるかを知る必要があります。そのためには、stand forが実際に使われている一文を例文として見ていくのが、手っ取り早い方法です。

USA stands for the United States of America.（USAは「アメリカ合衆国」を表します）、TPP stands for Trans-Pacific Partnership.（TPPは「環太平洋パートナーシップ（協定）」を表します）といった例文を見て、「ああ、略語が何かを説明するときに使うわけか」と用法がストンとわかるわけです。そして例文ごと覚えておいて、WHO stands for World Health Organization.というように応用することができるようになるわけです。

単語集の使い方

高等学校では、だいたい英単語集が副教材として配布され小テストなどが行われます。これも競争原理が働いているので、どの単語集も内容は年々良くなってきています。学校の単語テストは語彙力アップに活用できます。「はい、つぎの単語テストに出すから今週はここまで覚えてくること！」という先生の号令が、ちょうどいいペースメーカーになってくれるからです。

けれども**単語テストは、その性質上、意味を選んだり、意味を日本語で書いたり、スペリングを書いたりといった内容にもなりがち**です。これに対応する学習だけではやはり不十分です。きちんとした単語集には例文が付いています。そして、例文も含めた音声がダウンロードできたりCDが購入できたりします。この音声をしっかり活用して自主学習をしましょう。例文の音声が有料だとしても購入することをおすすめします。

学校の指導方針にかかわらず、単語集の例文音声を**真似て音読し、例文の中で単語を覚えていくべきです。その際に耳をポータルとして例文ごと英単語や表現をインプットしま**

す。せっかくの単語テストです。フルに活用すべきです。ただこれを生かすも殺すもやり方次第です。もしもテストで意味だけしか問われなくても、学習方法は例文中心主義を貫きましょう。

また、範囲の部分以外の例文もぐるぐると耳で聞きながらつねに復習し続けないと忘れてしまうので気を付けましょう。

私の英語 History 4

外国人バックパッカーとの出会いでマインドセットが変わった!

アメリカに到着してすぐ、自分の英語力では全然太刀打ちができないことを思い知らされます。どうしようもないという無力感が一気に襲ってきました。大学の先生はまだゆっくりしゃべってくれていたということがよくわかりました。私たち学生がぽかんとしていると、リピートしてくれたり、簡単な言葉に言い換えたりしてくれていたことも痛感しました。アメリカで聞く生の英語は、それほど超高速に聞こえてきたのです。

しかも訳のわからない単語や言い回しもたくさん使われています。英語が話されているかどうかもわからない瞬間がけっこうありました。あんなに英語がわからなくて、自分のつたない英語が通じないのも初めての経験でした。

英語に対する自信をさらに喪失することとなり、「アメリカに行けば英語が話せるようになる」というのはやはり嘘だったと、あっという間に悟ることができました。

でもせっかく来たからと、ユースホステルに泊まりながらアメリカを巡る旅に出ました。ロサンゼルス、サンフランシスコ、シアトル、デンバー、ウエストバージニア、ニューヨーク、マイアミ、ニューオリンズ、フェニックス、サンディアゴ、ティファナ、そして最後はロサンゼルスに戻ってくるという行程でした。北米一帯にルートをもつ長距離バスのグレイハウンドを利用して、夏休みの2か月半、アメリカ横断の旅をしたわけです。

まだ二十歳でしたから、州によっては飲酒ができないところもありました。アメリカ各地を巡って得られた最大の収穫は、アメリカで出会ったたくさんの外国人の存在でした。私と同じようにバックパッカーとしてアメリカにやってきた同世代や少し年上の彼らが口にする英語を聞いていると、**初歩的な文法の言い間違いも頻繁にあるし、母語の影響を色濃く受けたなまりのある発音で話しているのに、パフォーマンスとコミュニケーション能力でうまく乗り切っていたの**です。英語ネイティブとも堂々と渡り合っている光景を何度も目にしました。

大学受験のため事細かに勉強したような前置詞の使い分けなどを考えながらしゃべっていては会話がうまく回っていかないという事実が、彼らの操る英語によって浮き彫りになったのです。英語の音を根本から学び直さないと英語ができるようにならないこともよく理解できました。

私にとっては、ターニングポイントとなる旅になりました。「アメリカに行きさえすれば話せるようになる」というのは幻想でしかありませんでしたが、アメリカを巡って現実を突き付けられたことで、目指すべき英語のモデルと、重点的に学習しなければならない分野が明確になったのです。

今になって思い返してみると、「アメリカに行けば英語が話せるようになる」というのは、私にとっては迷信ではなかったのかもしれません。想像していたより長い時間を要しましたが、大学2年の夏にアメリカに行ったことが転機になって意識が変わり、モチベーションが上がり、英語がしゃべれるようになったのは、紛れもない事実なのですから。

私がものすごく勉強した時期は2度あります。最初は大学浪人をした1年間、2度目はアメリカから帰国後の大学2～4年の2年半です。とてつもない勉強量でした。その甲斐あって、4年で英検1級を取得することができ、そして卒業後間もなく全国通訳案内士という国家資格を、卒業数年後には国連英検特A級を取得しました。その当時あった、高いレベルのスピーキング力が求められるテストには、20代半ばまでに合格できたのです。

というわけで、**私が英語を真剣に勉強した3年半は高校を卒業してから**ですので、本書で紹介しているプランよりもだいぶ遅かったことになります。皆さんのお子さんには、できるだけ早くから英語に取り組んでもらえるようにしていただけたらと思います。ただ、時期を逸してしまっても間に合うんだという実例として参考にしていただきたいと思います。

おわりに

〜英語を正しく学ぶことで得られるもの〜

そもそもなぜ、英語が話せなければならないのか、そう疑問に思う方も多いでしょう。これは私も生徒から頻繁に受ける質問です。ここでは、哲学的、抽象的な回答ではなく、キャリアや経済という多少実利的な側面からお答えしたいと思います。

ひと昔、ふた昔前は、英語といえばアメリカやイギリス色が強固でしたが、今はそれもだいぶ弱まってきています。それにとって変わってきているのが、**「国際語」としての英語の存在の高まり**です。英語教育は世界規模で、年々充実してきています。

それとともに、例えば東欧、マレーシア、フィリピンなど、英語が堪能な人口の割合が増加する国や地域が生まれてきています。特に若い世代は英語ができるのが特徴です。世界中で多くの若者が、この瞬間も英語を懸命に勉強しているわけです。

英語ができるだけで、英語圏だけではなく、さまざまな国の人々と深く付き合えるチャンスが大幅に広がるのです。〝島〟の価値観だけにしばられなくて済むことは、英語を勉強してモノにする大きな意義、価値だと思います。〝島民〟だけにしか通用しない価値観といったものが、どうしても日本には存在します。「どの企業が大企業で安定している」とか「同じ公務員でも○○公務員のほうが偉くて上級だ」、「私立より国立の大学のほうが…」といった類いの話は、日本外の人にはまったくわからない、島の中だけに存在する価値観です。日本人にしか理解できないさまざまな評価基準がたくさんあります。

英語が使いこなせれば、そんなせまい価値観だけにとらわれることなく、外の世界へ飛び立つという選択肢が得られます。選択肢が多いことは、人生を豊かにするための大事な要素だと思います。

大学卒業後の社会人としての数十年は、うまく過ごせば、人生でいちばん楽しいときといえるのではないでしょうか。この期間を島の価値観だけにとらわれて過ごすのか、多くの選択肢に囲まれて過ごすのかで、人生は大きく変わってくると思います。そして多くの選択肢を得るためには、やはり英語力は大きなプラスです。

「これからは、翻訳技術がよりいっそう発達するので、英語をはじめとする語学力は必要がなくなる。だからもう英語を学ぶ必要もない」――こういった声を聞くこともあります。確かに、必要最小限の英語のやりとりは、もうすでに翻訳機でできるようになっています。しかしながら、これだけでは世界に飛び出すのは現状では難しいでしょう。翻訳機を使って海外の人と仕事をしたり、談笑をしたりする光景を、あなたは見たことがあるでしょうか？ 英語から日本語、日本語から英語と、文章を翻訳するＡＩ翻訳機の性能の向上はめざましいものがあり、ビジネス文書のやりとりなどは今後ＡＩにより代替されていくと思います。しかし、瞬発力が求められる対人コミュニケーションに関してはまだしばらくはＡＩが入り込めない領域です。信頼関係の構築といった対人関係も、生身の人間同士でしか築きあげていくことはできません。

日本の大きな問題としてよく指摘されるのは、少子高齢化が進み、人口が減少し、経済規模が縮小していって、労働力不足に悩まされるというシナリオです。しかしながら、日本の人口が減少しても、アジア圏で見れば、人口は飛躍的に増加しています。アジア経済も爆発的に成長している。そしてアジア圏では、ＡＳＥＡＮをはじめとして、多くの組織や国々が英語でつながっています。**日本よりも勢いのある国、地域が多いアジア圏を見据えても、英語ができることで、数多く存在するチャンスをつかみやすくなるのは明白**です。

英語ができることで生まれる利点は、まだあります。これはあまり語られないことですが、まず私たちは日本語が話せます。ほとんどの日本人が気付いていませんが、これはすごいことです。世界の70人に一人は、おもに日本語しか話せない日本語話者です。そして日本語は大変難しい言語で、欧米人で日本語を習得し使いこなせる人は極めて少ないのです。日本語は、欧米人にとってたいへん参入障壁が高い言語なのです。

日本の力は相対的に縮小しているかもしれません。現在GDP世界1位はアメリカです。長年2位だった日本は2010年にその地位を中国に奪われたものの、2020年に出された統計データ（2019年の数値をもとにしている）ではまだ3位に位置しています。まだしばらくは、ベスト10に残っているでしょう。そして日本には1億2千万人の豊かな人たちがいて、巨大な経済を支えている。日本人は巨大な消費力をもっているのです。

ニューヨーク、ロンドン、香港に並んで東京証券取引所という、巨大な株式市場もあります。ドル、ユーロ、中国人民元などとともに円は、世界に並び立つ通貨として存在しています。

日本は巨大経済圏でありながら、英語を使える人がまだあまり多くない国です。また、日本語が話せる外国人は、一部の国を除いて多くはない。そんな環境において英語ができるということは、巨大経済圏の日本をバックにして、英語圏、ユーロ圏、アジアパシフィック、インドなどをつなぐことができる貴重な架け橋になれるということです。

日本でも英語ができる若者は増えていますが、まだまだ大変な希少価値があるのは確かです。アジアの近隣諸国と比べるとまだまだ圧倒的に少ないのが現状です。もちろん、現在の日本では、ふつうに生活したり働いたりする場合には、直接英語の必要性を感じることは少ないかもしれません。フィリピンのように英語習得に対する切迫感を感じることも少ないです。だからこそ、逆に英語を使える人が少なく、その希少価値が高いのです。

もちろん、キャリアでのアドバンテージを得ることだけが、英語学習の目的ではありません。文化の相対性を理解し、自国を客観視する力を身に付けることができるなど、外国語学習は人生のさまざまな面で役に立ちます。とはいえ、子どもの将来を考えたとき、職業人として「選ぶ自由」「世界に参加する力」をもつことは、豊かな人生を送っていくために無視できない重要性をもっていると思います。

本書では、私の長年の経験に基づいてさまざまな英語学習のアドバイスをさせていただきました。島国日本の特殊な環境で、子どもたちが英語を習得するのは、細い平均台を渡っていくようなものかもしれません。だからこそ、見守っていく大人の役割は大変重要なものだと思います。私たちの成功した体験も失敗した体験も、つぎの世代が英語学習に成功するための糧にしていこうではありませんか。本書が皆さんの子育ての大切な一部である英語の教育のお役に立てるのであれば、著者最大の喜びです。最後まで読んでいただきありがとうございました。

子どもの英語力が
グンと伸びる最強の学習

発行日　2021年5月8日　初版第1刷発行

著　者　**安河内哲也**

ブックデザイン　東條加代子
イラスト　キクコ
執筆協力　山本 航
校正　大島佑紀子
DTP　生田 敦
編集　小田切美樹（扶桑社）

発行者　久保田榮一
発行所　株式会社扶桑社
〒105-8070
東京都港区芝浦1-1-1 浜松町ビルディング10F
電話　03-6368-8870（編集）
　　　03-6368-8891（郵便室）
www.fusosha.co.jp

印刷・製本　株式会社加藤文明社

ISBN978-4-594-08520-9